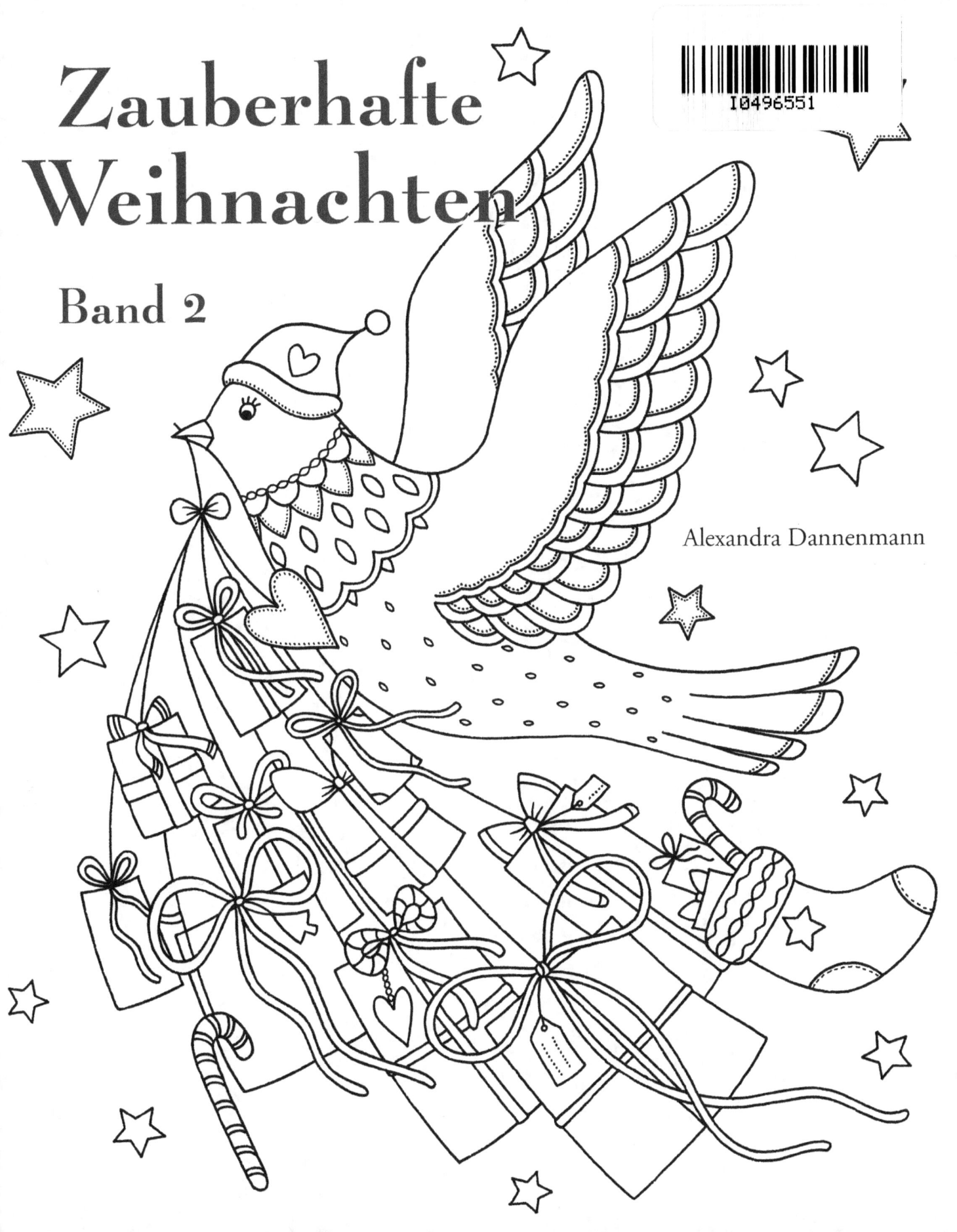

Copyright © 2018 - 2025 Alexandra Dannenmann, Flensburg
Cover & Illustrationen: Alexandra Dannenmann
Alle Rechte vorbehalten.

Alle veröffentlichten Illustrationen in diesem Buch sind urheberrechtlich geschützt. Jegliche Vervielfältigung, Verbreitung, Bearbeitung und jede andere Art der Verwertung dieses Werkes, auch auszugsweise für gewerbliche oder private Zwecke, ist ohne vorherige schriftliche Zustimmung des Urhebers/Rechteinhabers nicht gestattet und wird zivil- und strafrechtlich verfolgt.

Independently published
3. Auflage: September 2025
ISBN: 978-1728791678

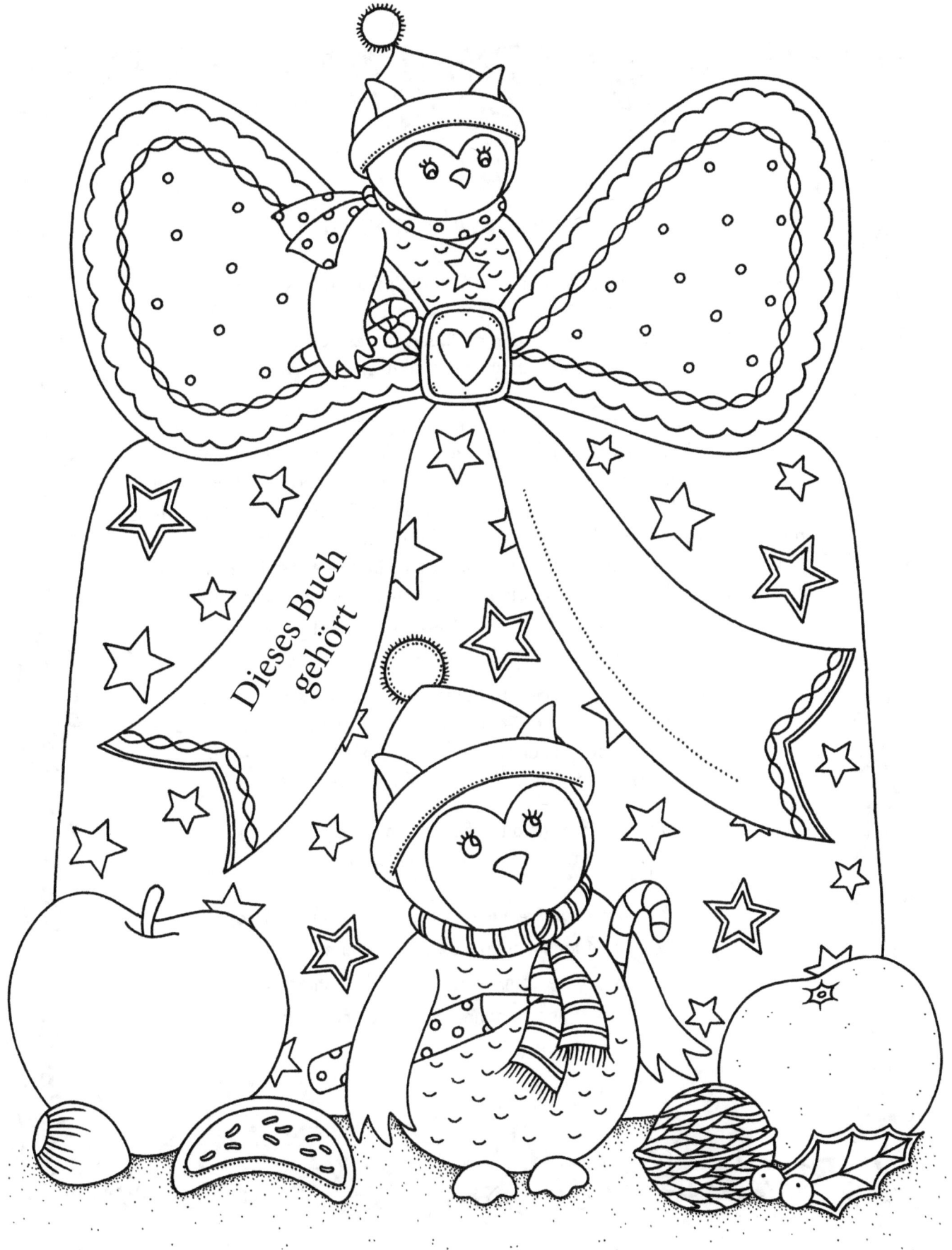

Herzlich willkommen!

Ich freue mich sehr, dass du dich für mein Malbuch
„Zauberhafte Weihnachten - Band 2" entschieden hast.
Vielen lieben Dank! In diesem Buch findest du 25 liebevoll
von Hand gezeichnete Weihnachtsmotive.

Freust du dich schon auf Weihnachten?
Dann lass dich auf die schönste Zeit des Jahres einstimmen
und entspann dich vom Stress der Vorweihnachtszeit. Bunt verzierte
Weihnachtskugeln, Weihnachtskekse, lustige Schneemänner, festlich
geschmückte Weihnachtsbäume, niedliche Eulen, Mäuschen, Eisbären und
vieles mehr warten darauf, mit Farbe zum Leben erweckt zu werden
und bescheren dir und der ganzen Familie zahlreiche Stunden
weihnachtlicher Ausmalfreude und Entspannung.

Ich würde mich sehr freuen, deine ausgemalten Kunstwerke zu
sehen. Teile sie doch bei Instagram und verwende dafür bitte
#alexandradannenmann, damit ich dein Bild finden kann.
Oder poste sie auf meiner Facebook-Seite.

Über eine Rezension auf Amazon würde ich mich
natürlich auch sehr freuen.

www.facebook.com/groups/AlexandrasColouringBooks
www.instagram.com/alexandra.dannenmann
www.youtube.com/@alexandra.dannenmann
www.alexandra-dannenmann.de/malbuch

♡ AUSMAL-TIPPS ♡

Ich empfehle dir, ein paar Bögen Papier als Unterlage unter die Seite zu legen, die du ausmalen möchtest. So verhinderst du, dass die Farbe durchdrückt oder auf die darunterliegende Seite gelangt.

Zum Ausmalen eignen sich am besten Buntstifte. Du kannst sie in mehreren Schichten auftragen oder verschiedene Farbtöne miteinander verblenden.

Falls du lieber mit Wasserfarben oder Filzstiften malen möchtest, teste diese zunächst auf den Farbtestseiten am Ende des Buches. So kannst du prüfen, ob die Farben eventuell zu stark decken und auf der Rückseite des Papiers durchscheinen.

Alle Seiten in meinem Buch sind einseitig bedruckt. Dadurch kannst du deine ausgemalten Bilder ausschneiden und an die Wand hängen.

Ich wünsche dir viel Spaß beim Ausmalen
und freue mich schon auf deine Kunstwerke.

Herzliche Grüße
Deine Alexandra

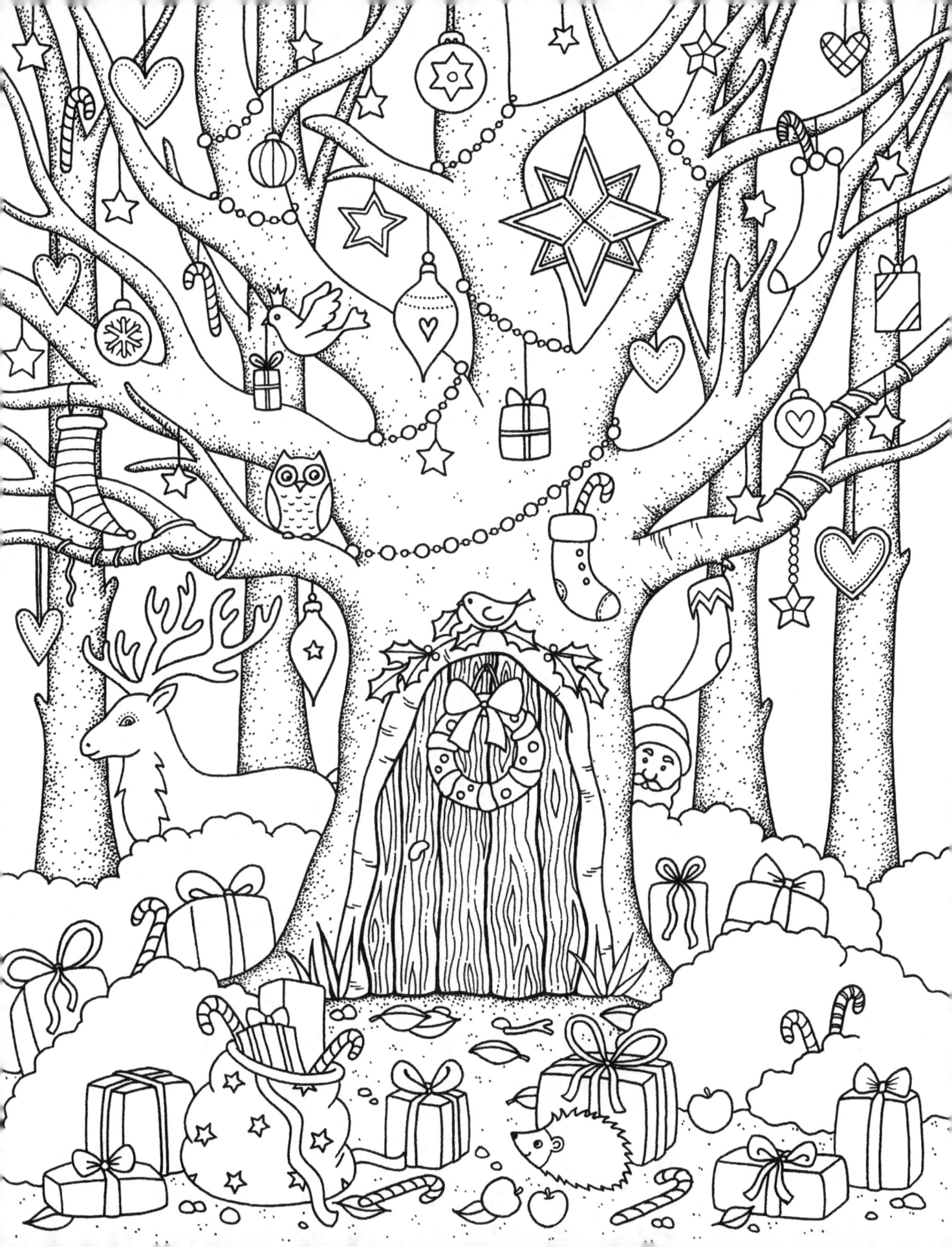

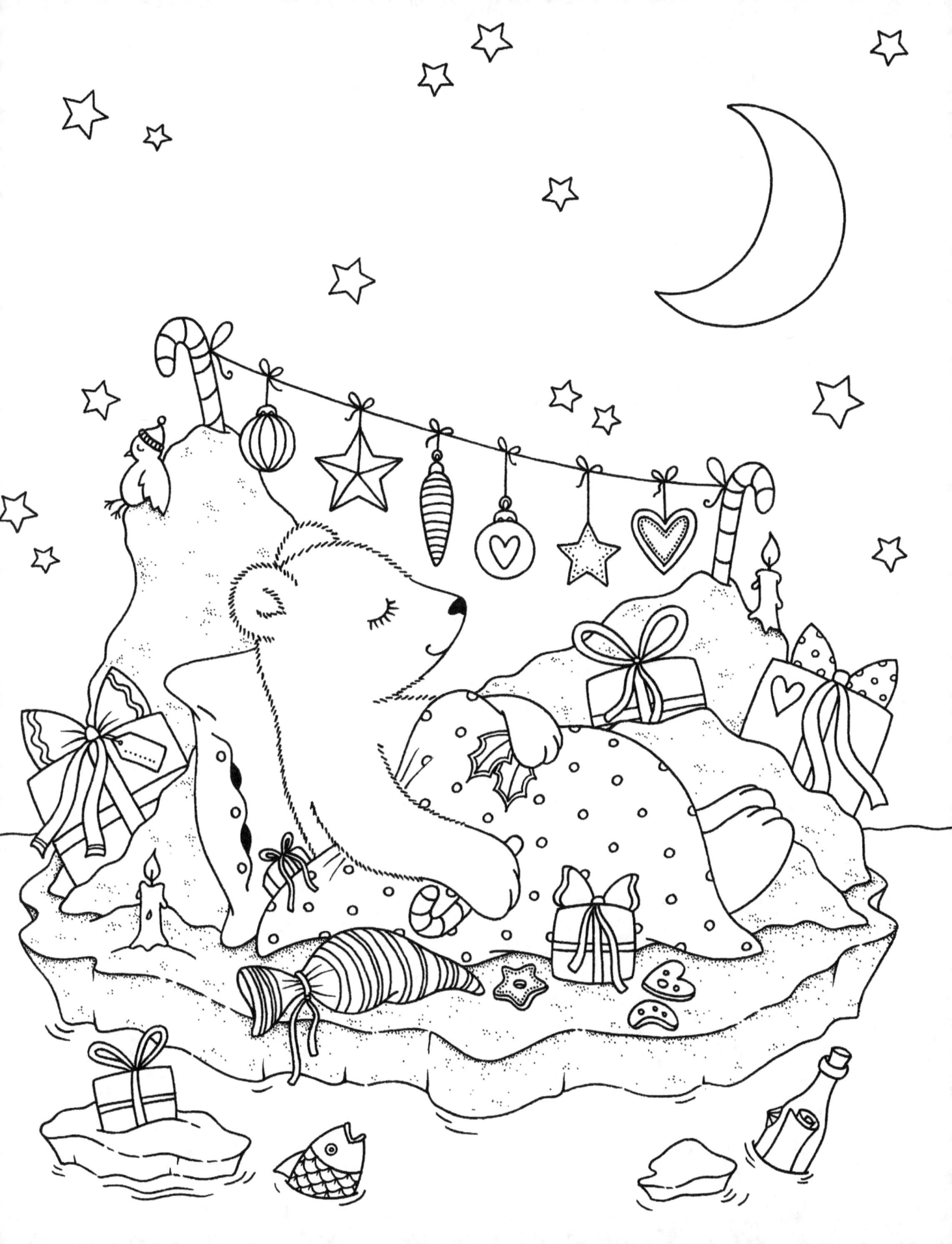

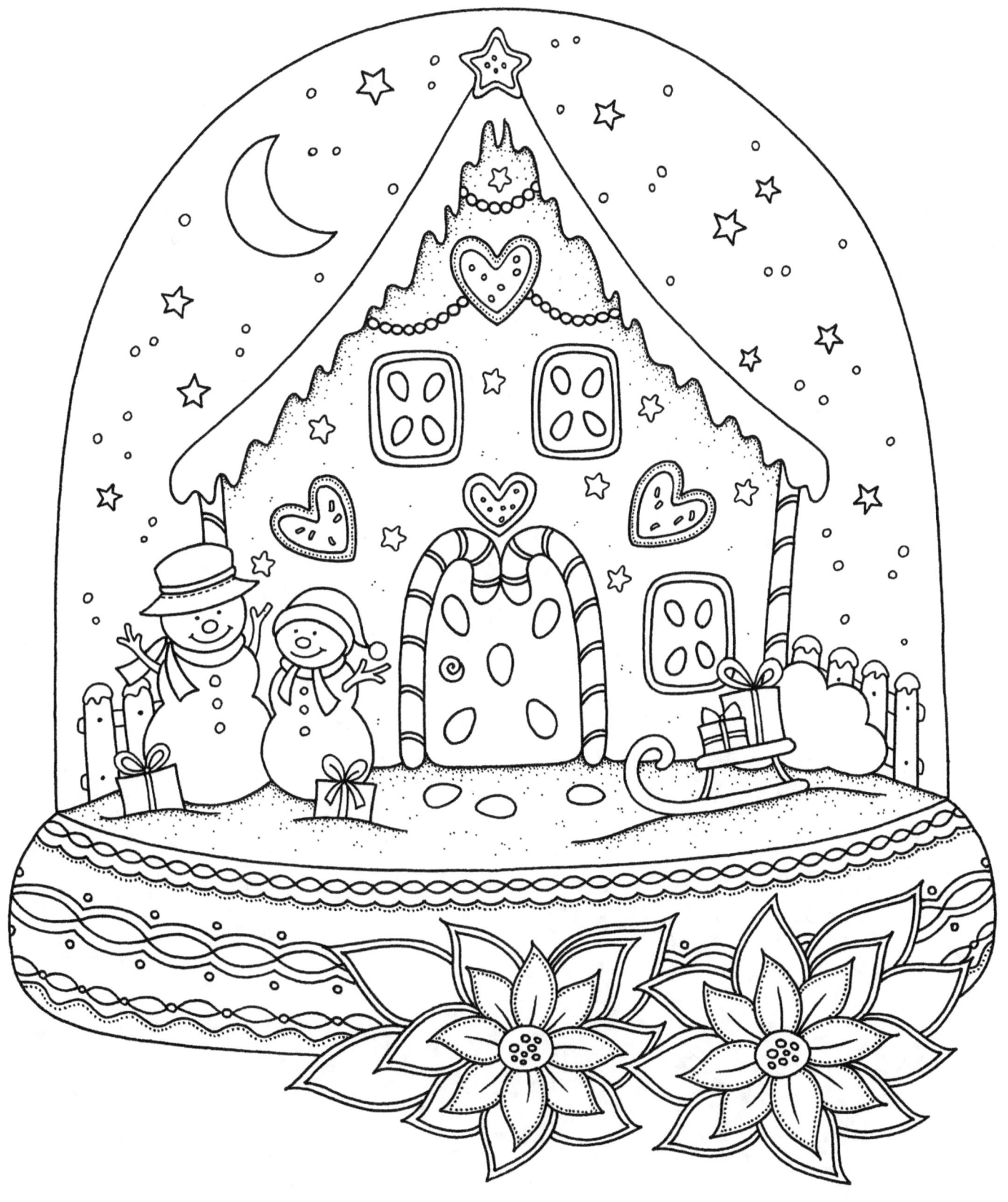

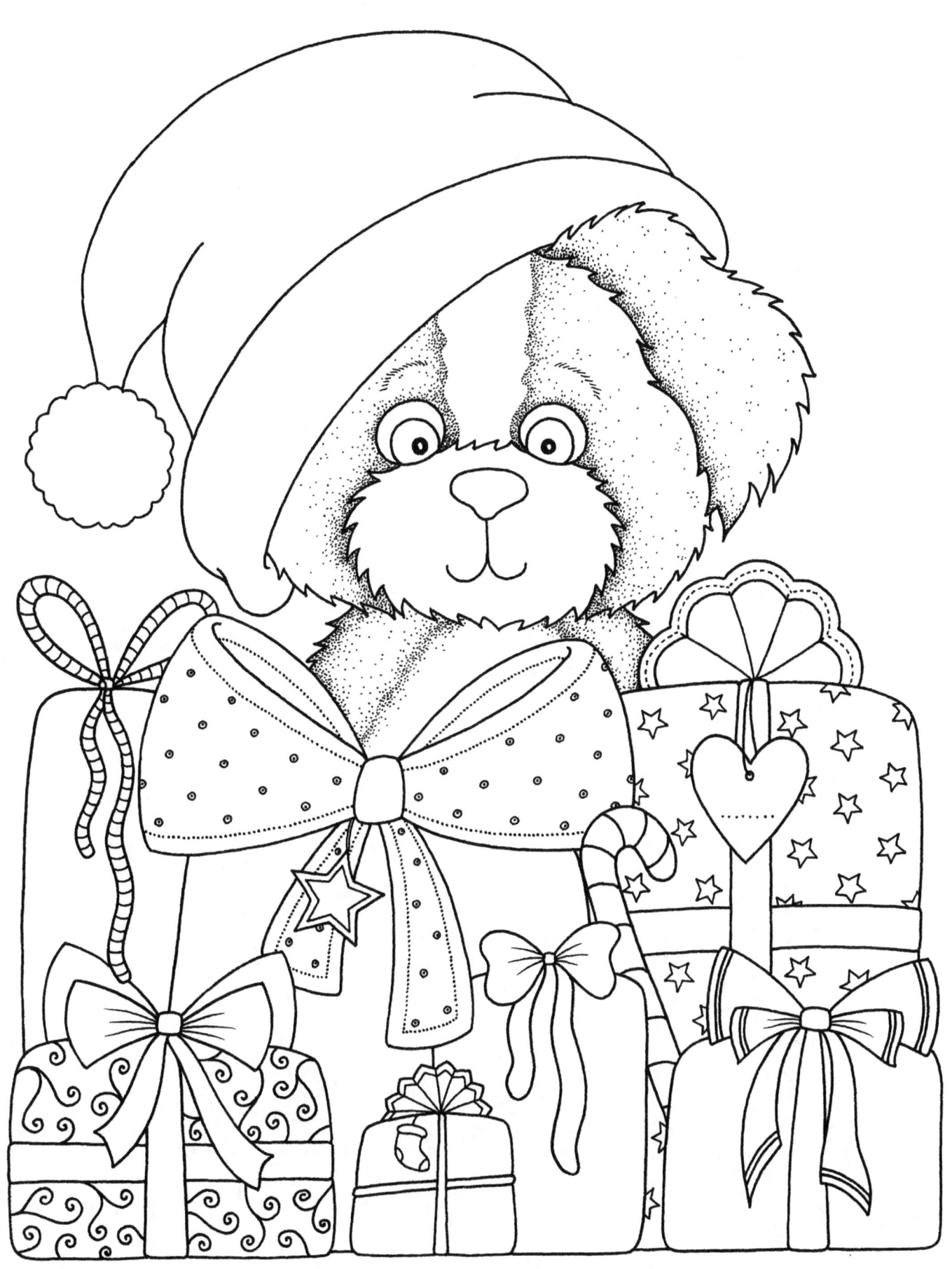

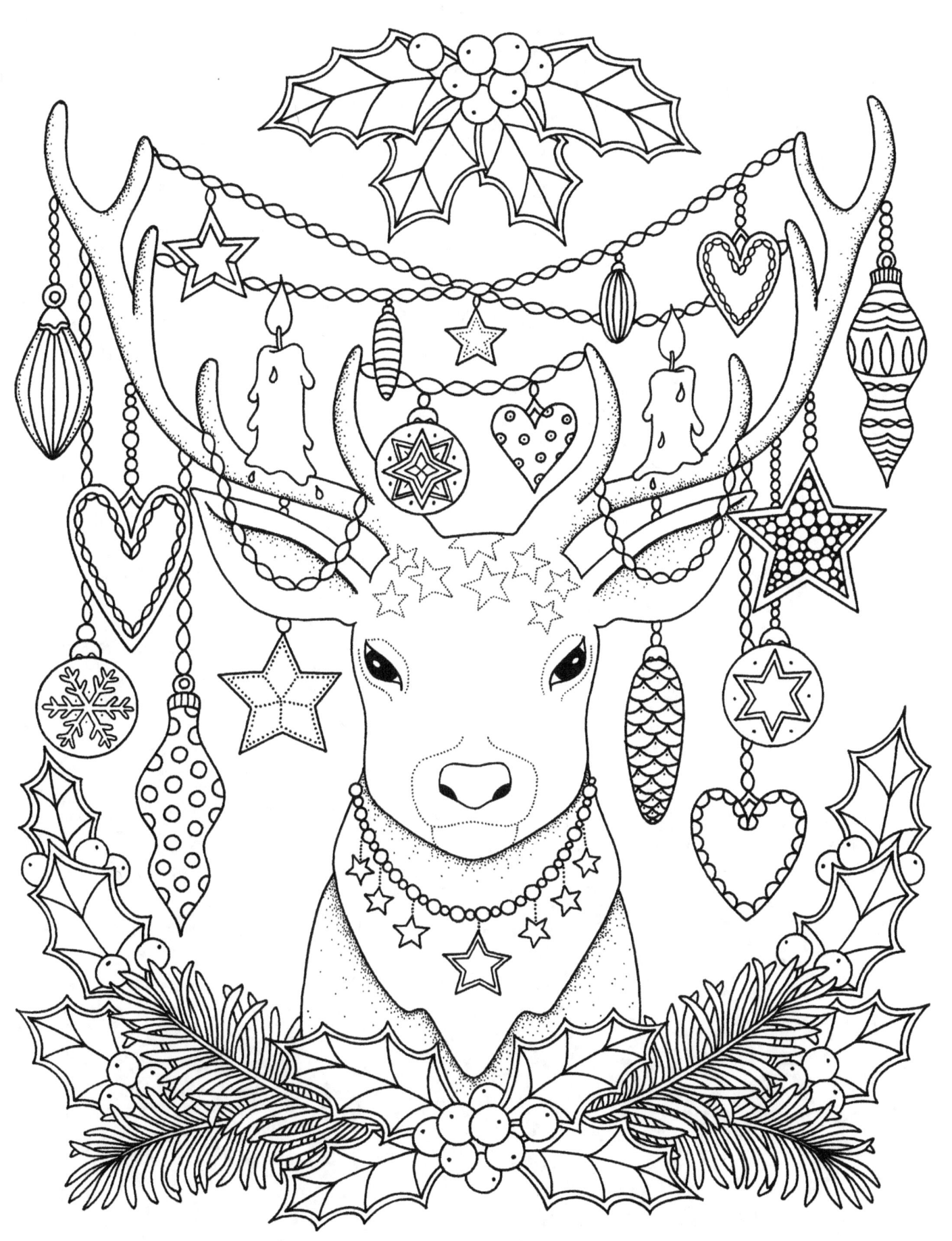

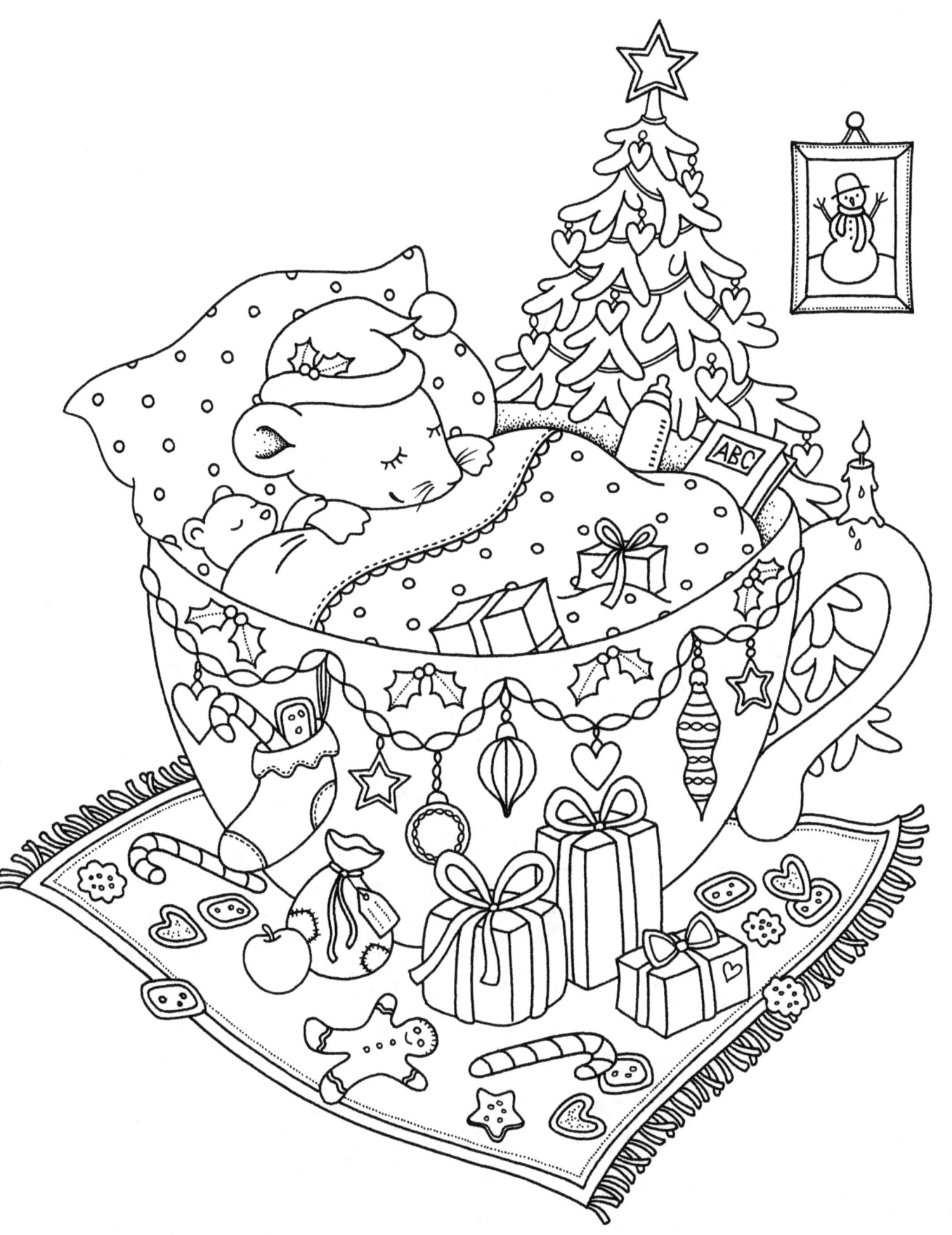

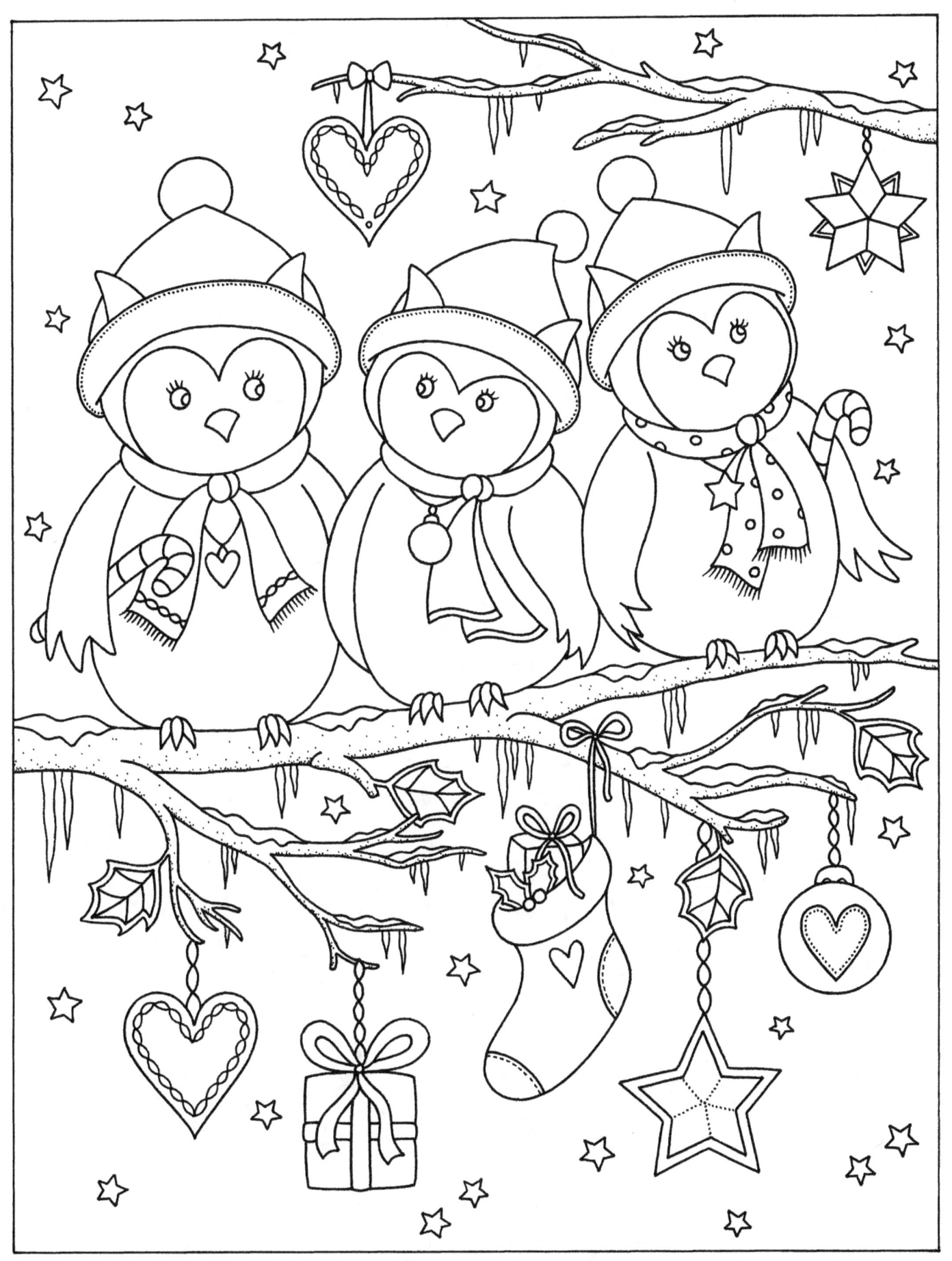

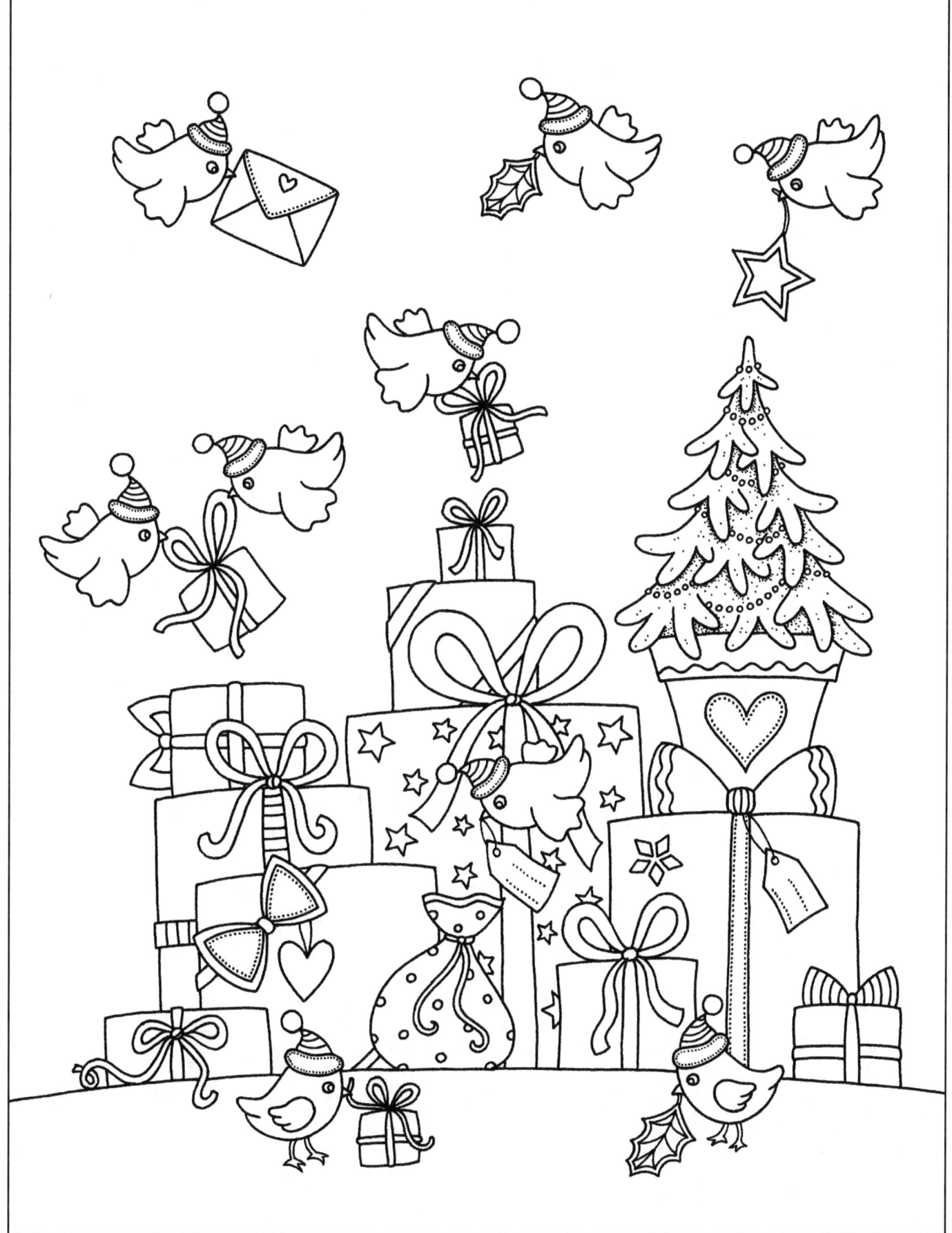

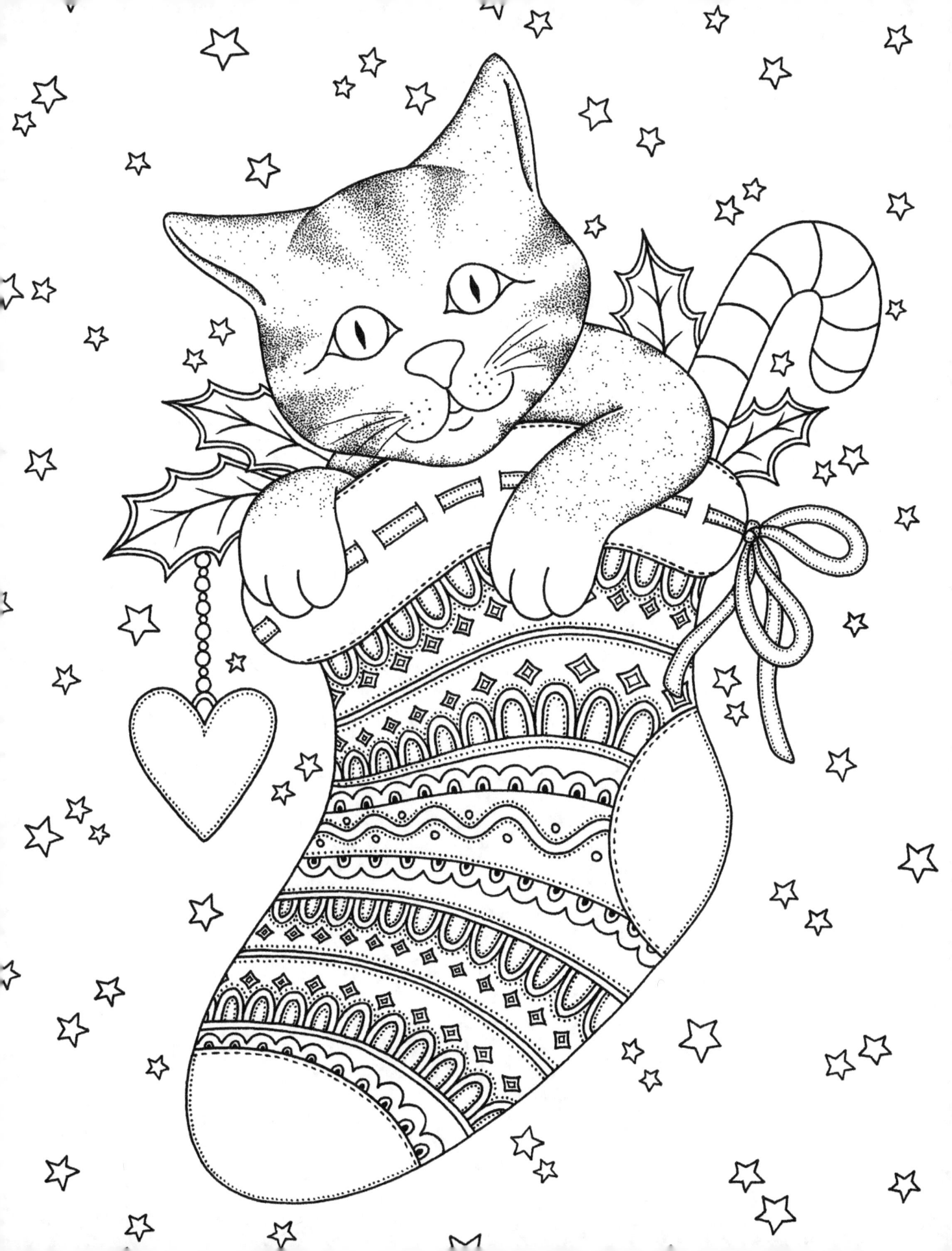

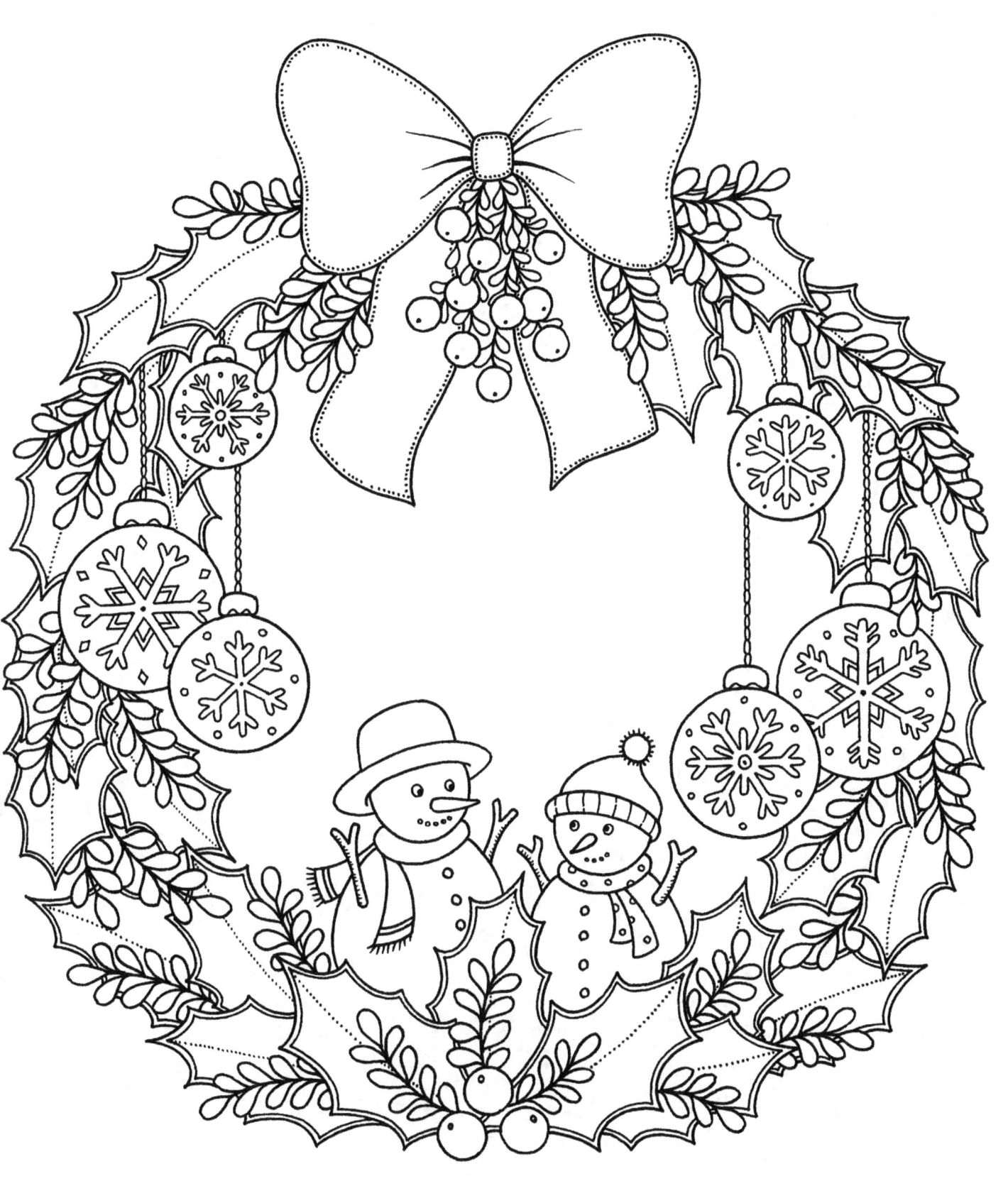

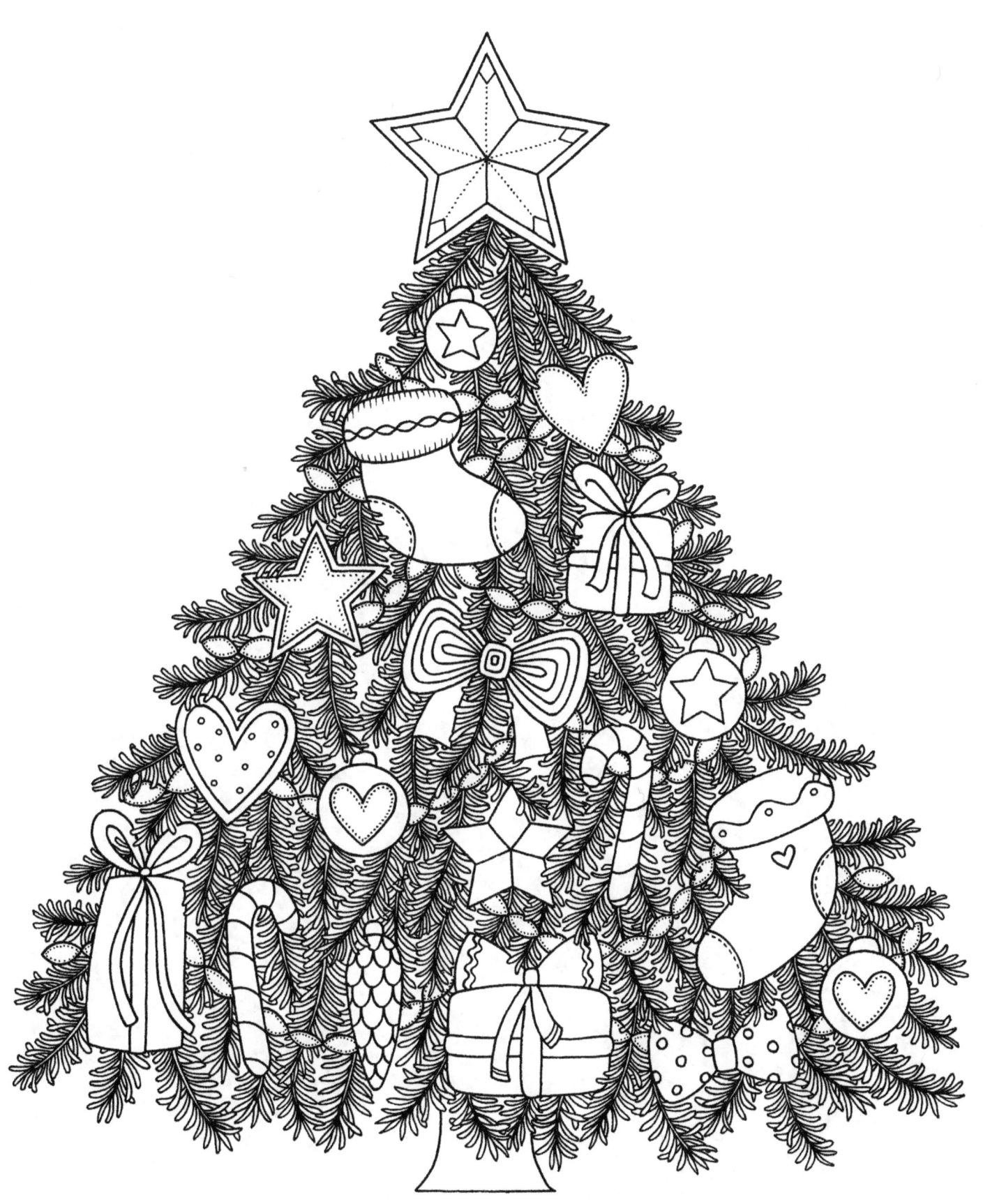

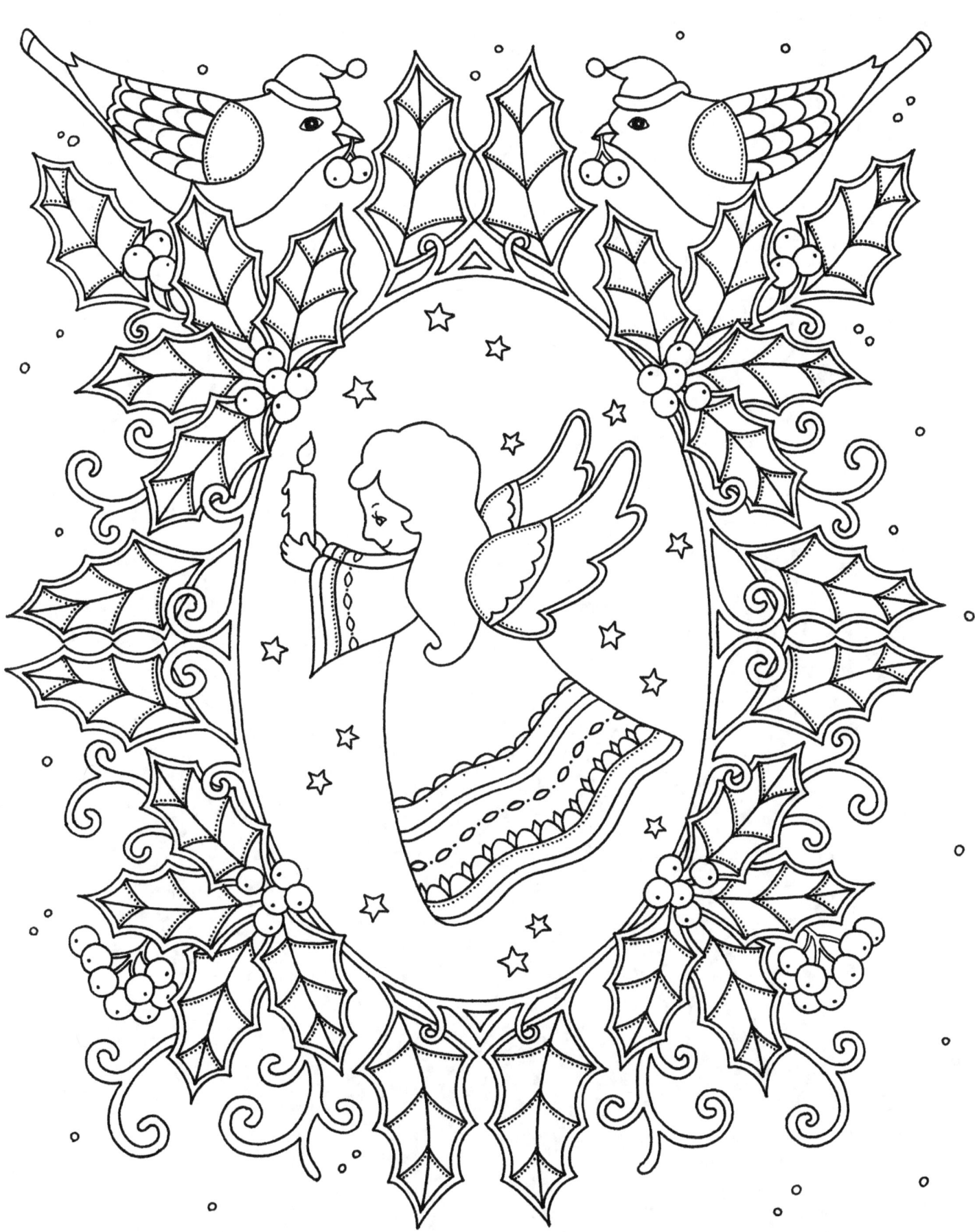

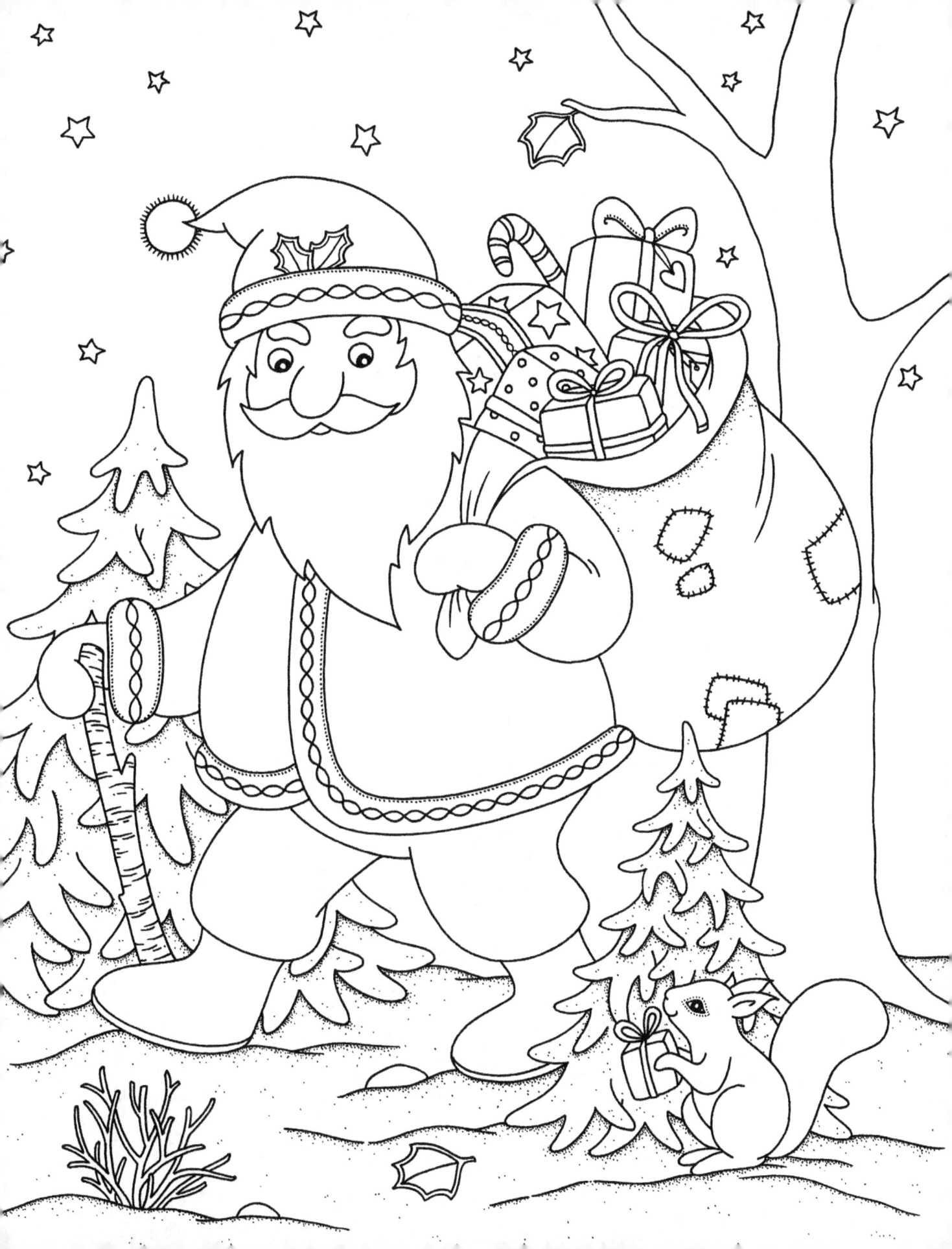

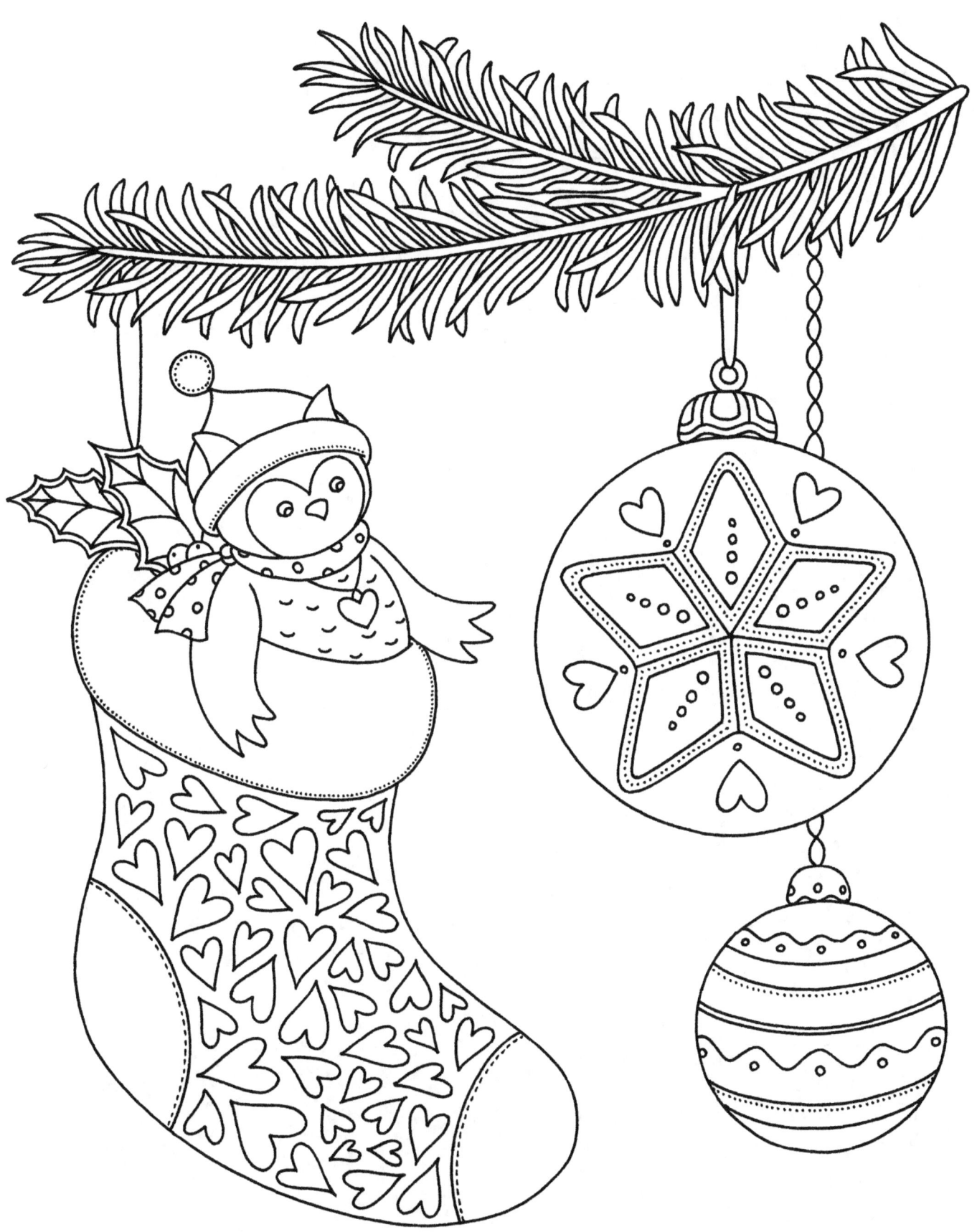

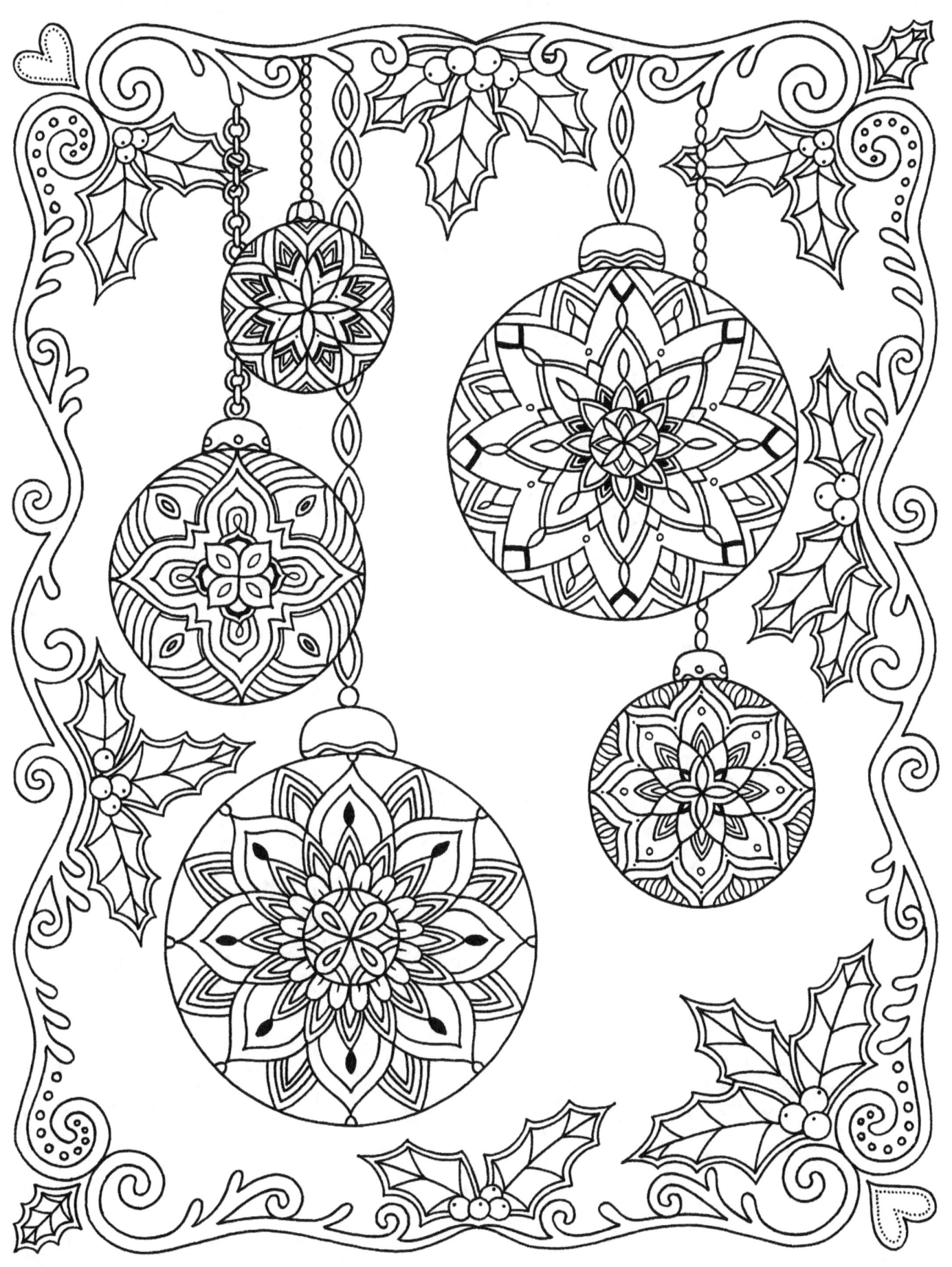

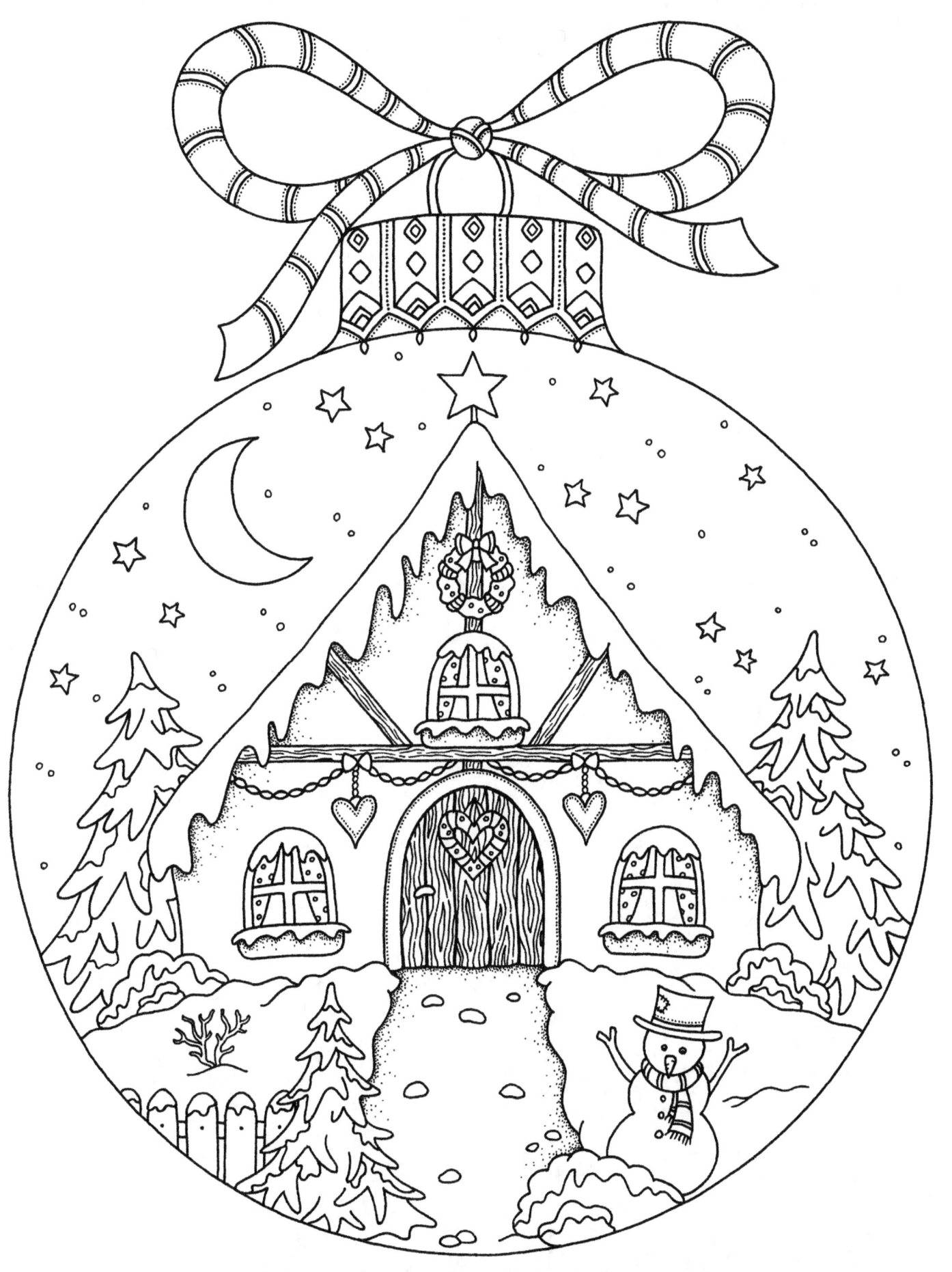

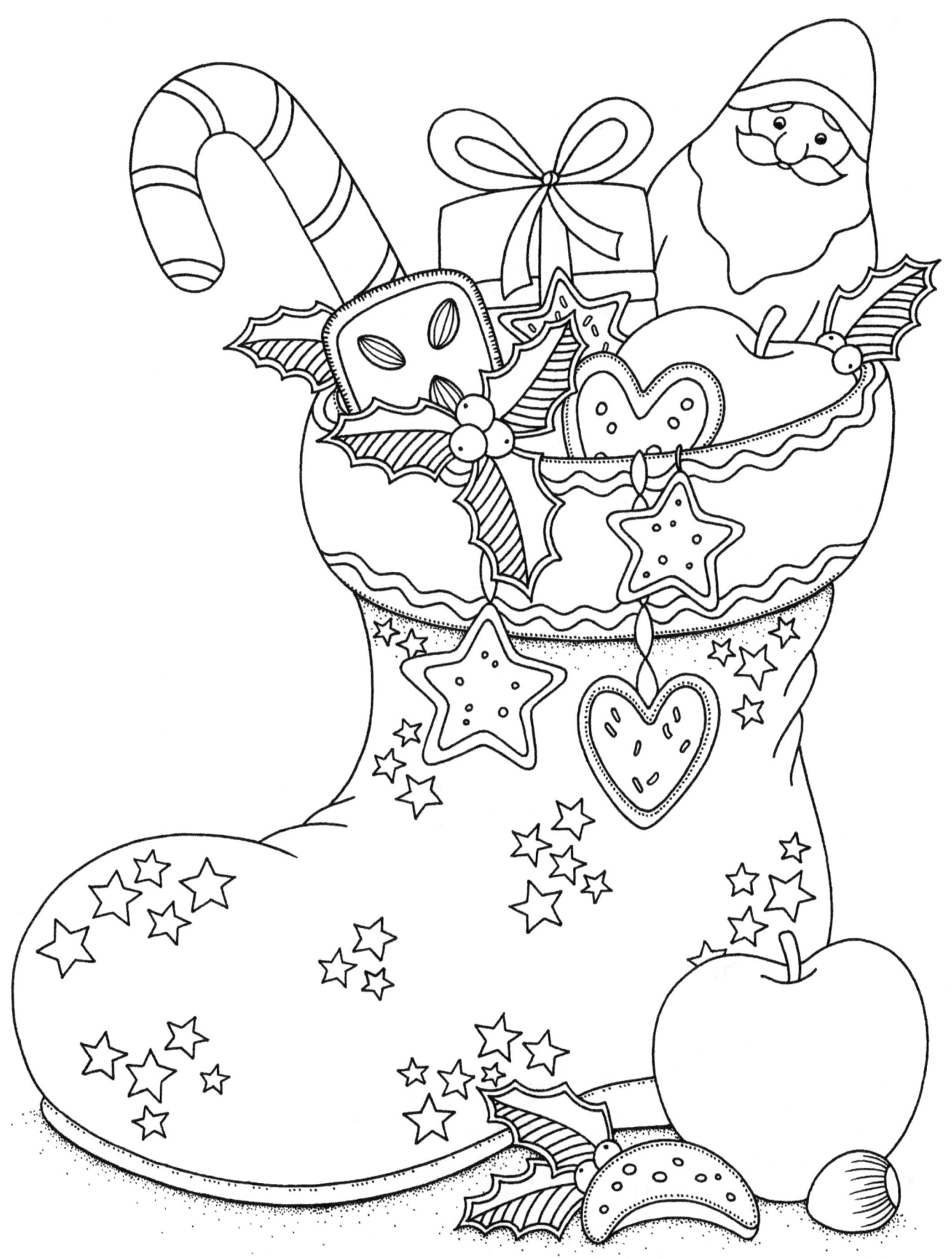

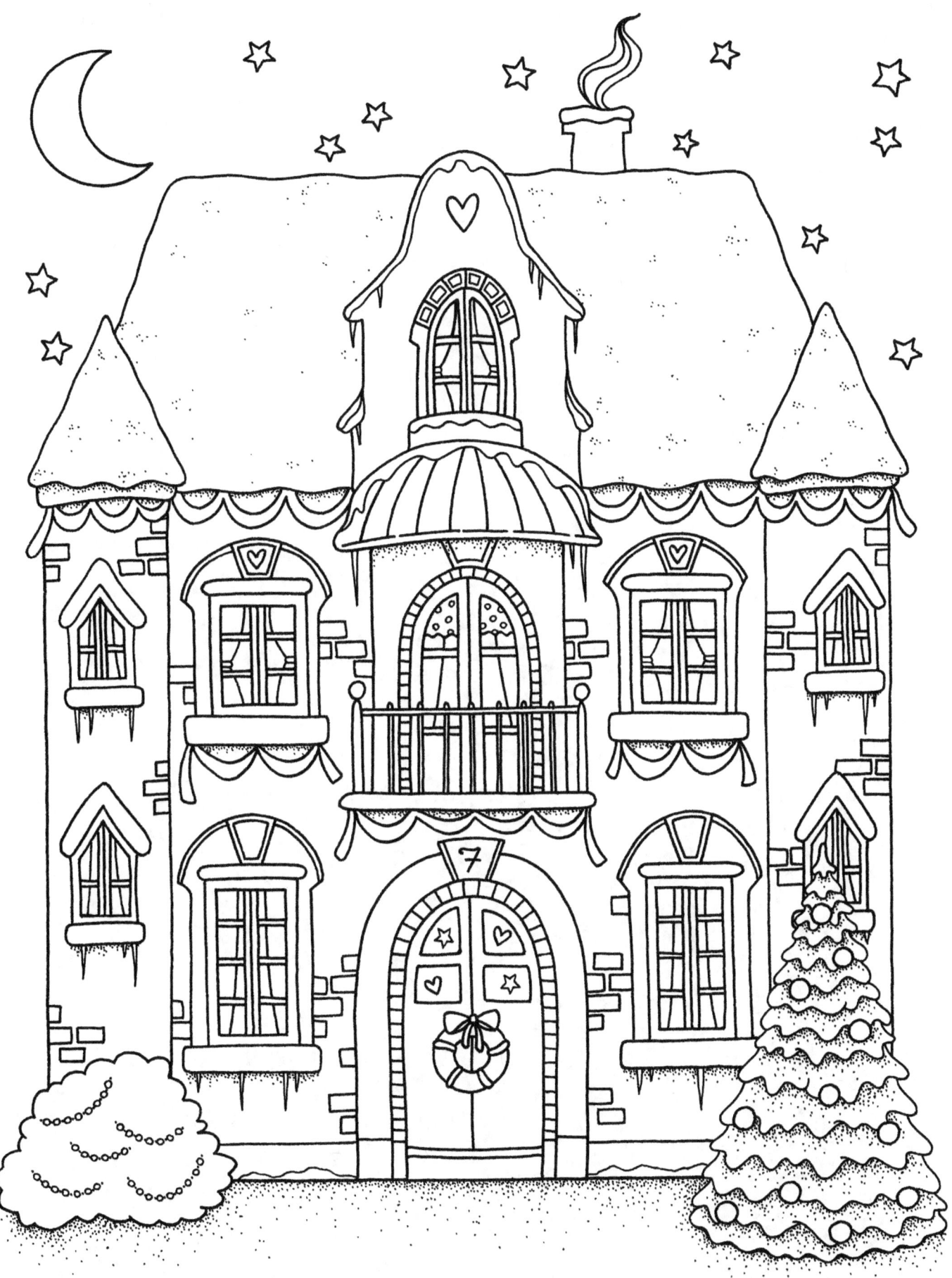

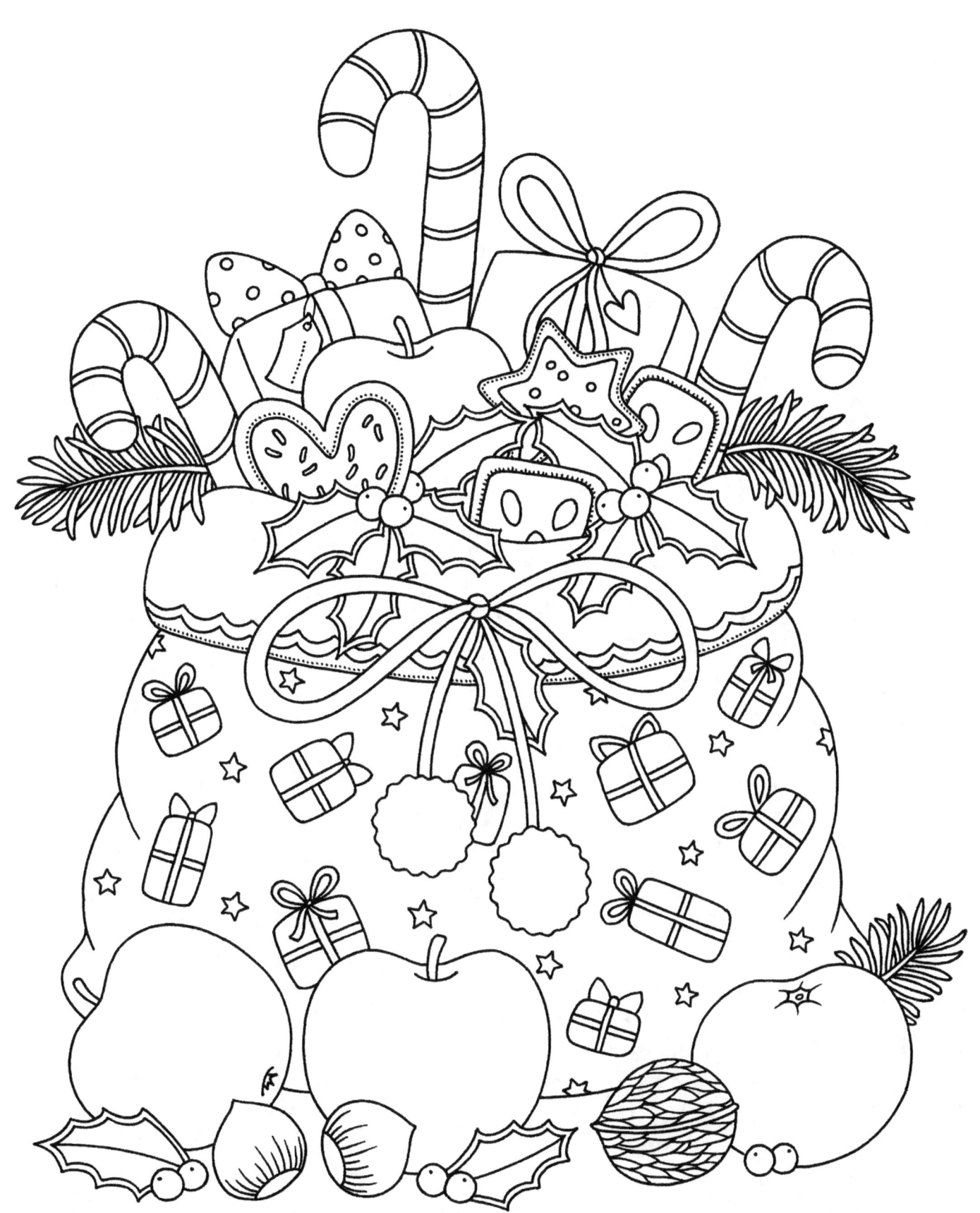

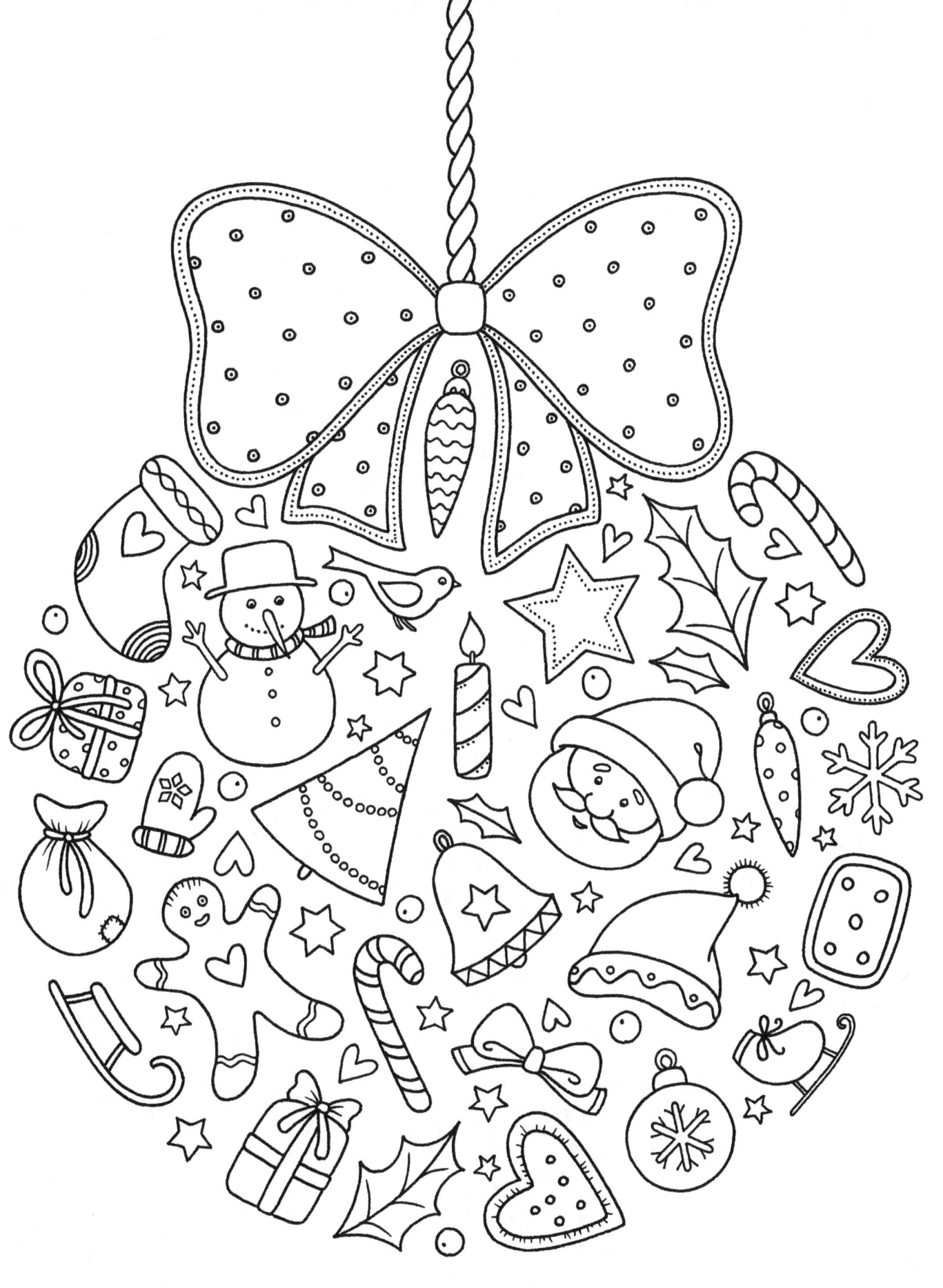

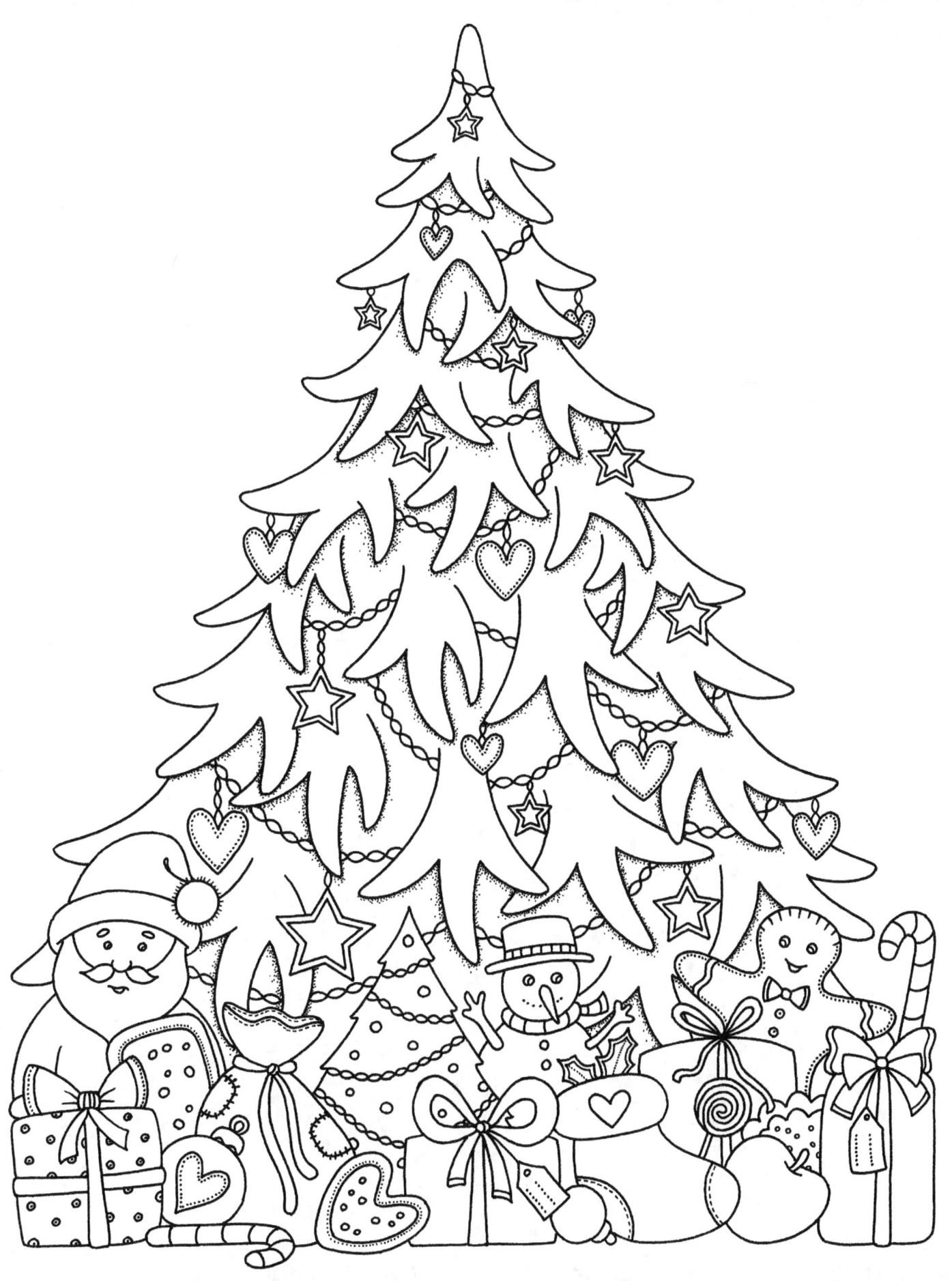

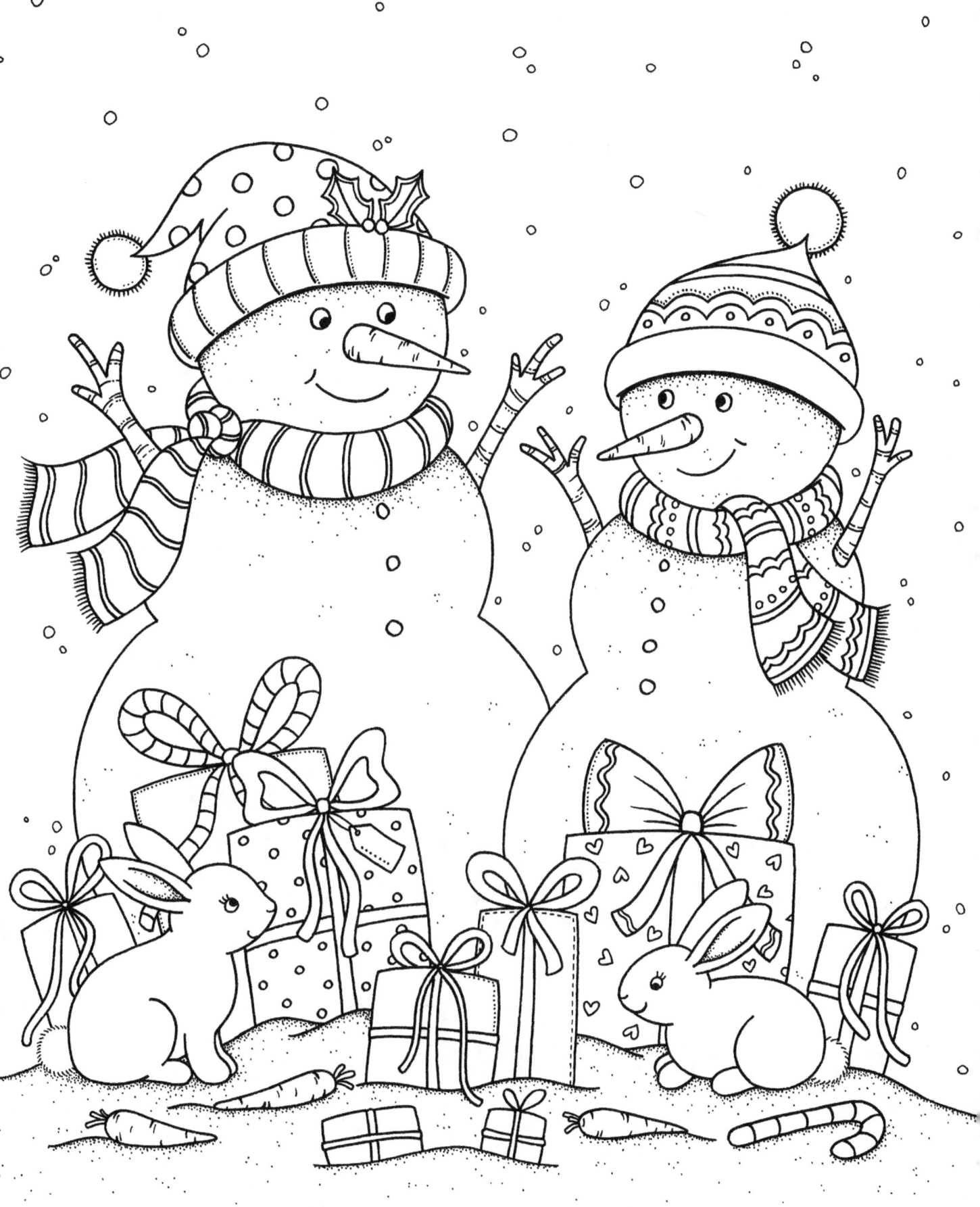

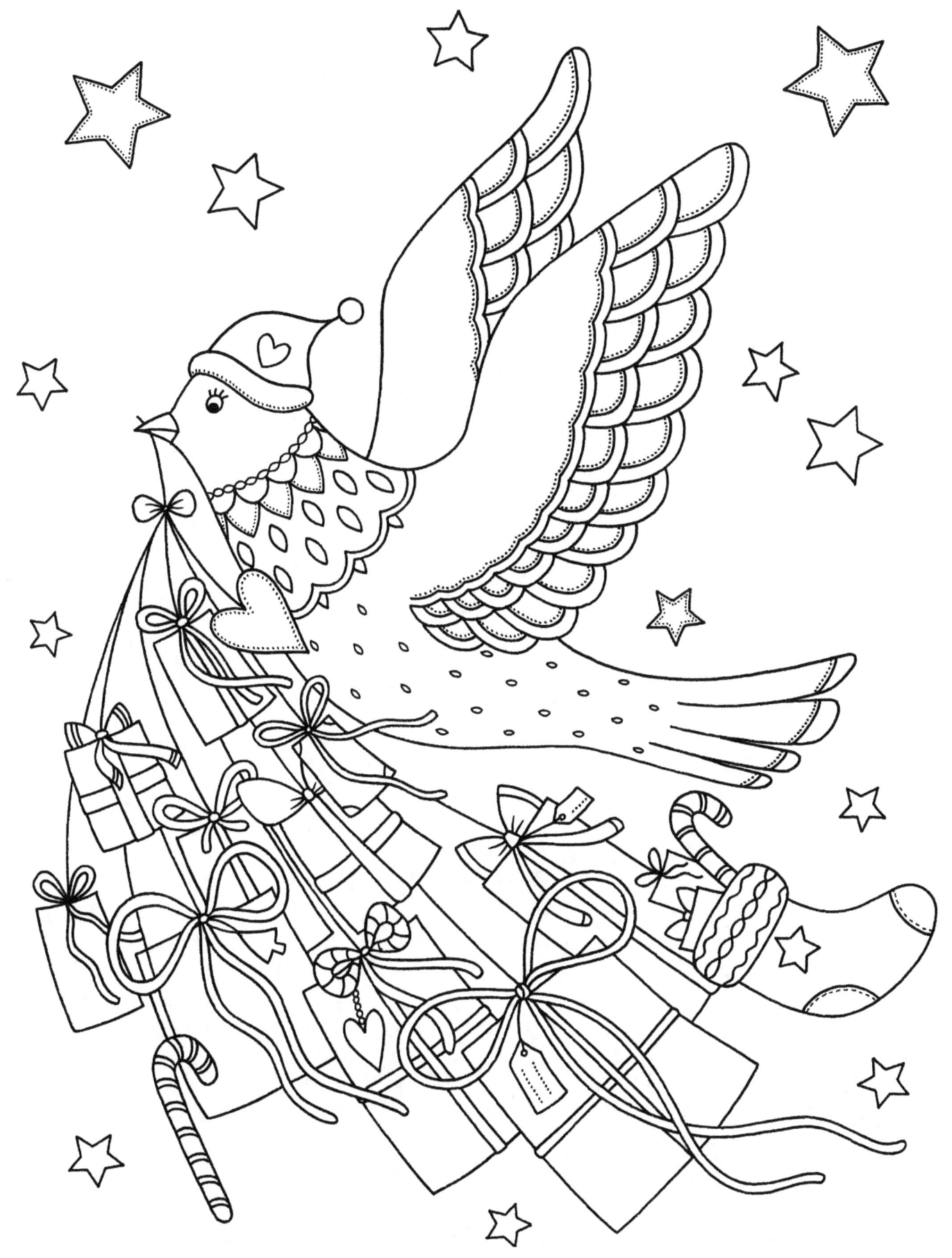

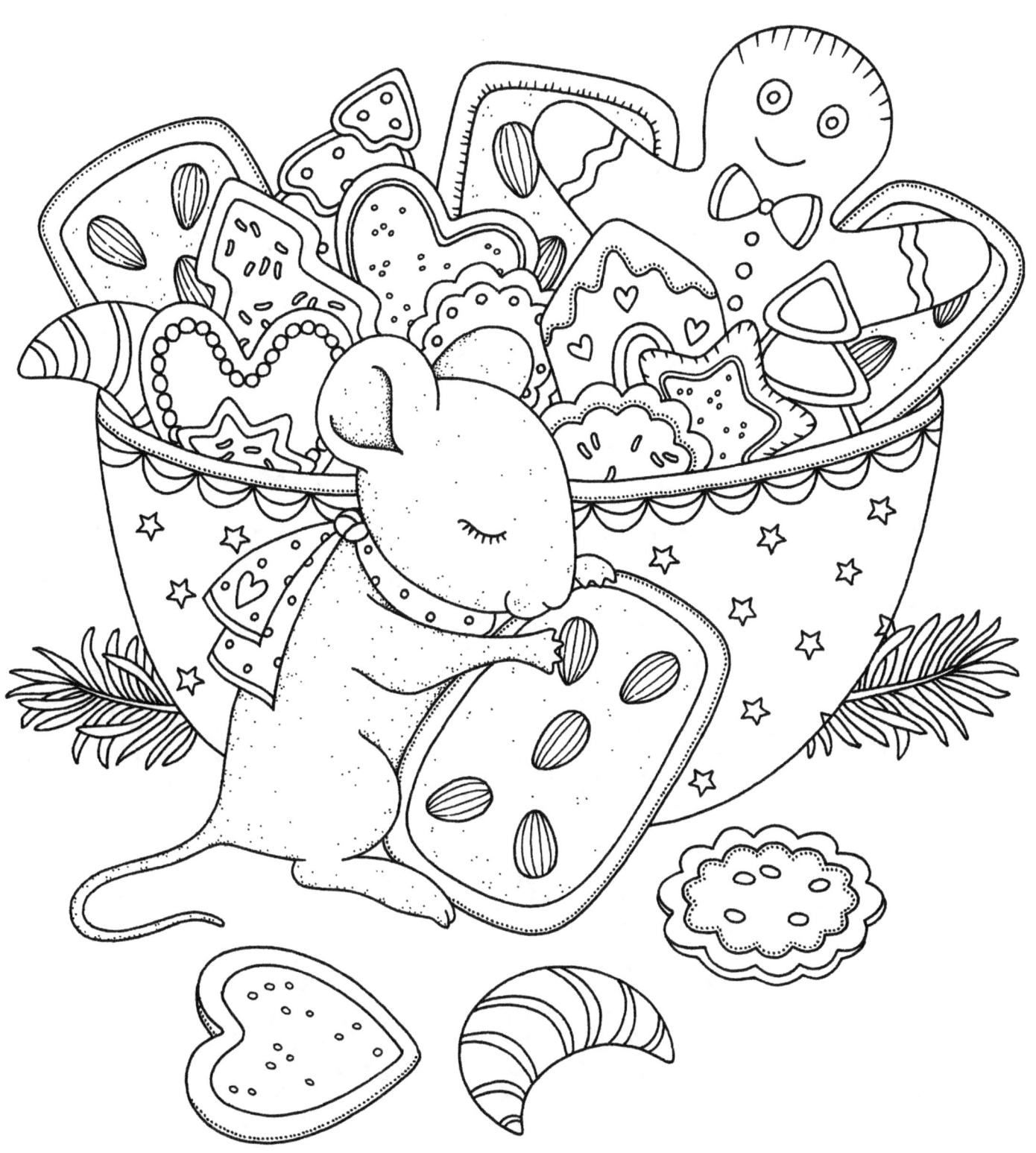

Farb - Testseite

Farb-Testseite

Farb-Testseite

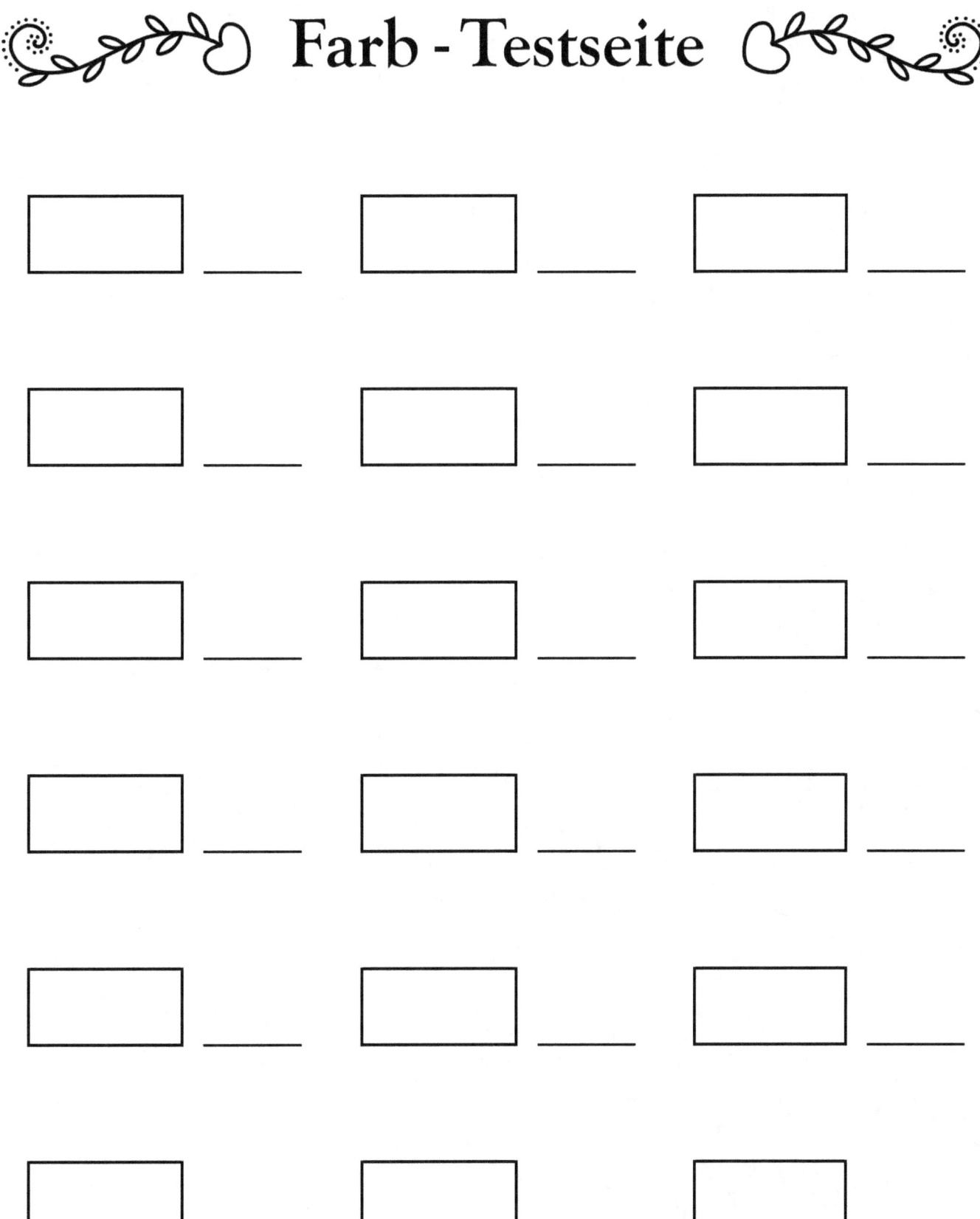

Weitere Ausmalbücher von Alexandra Dannenmann:

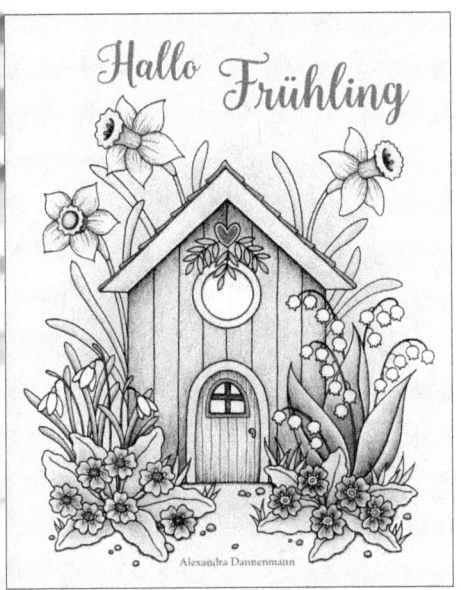
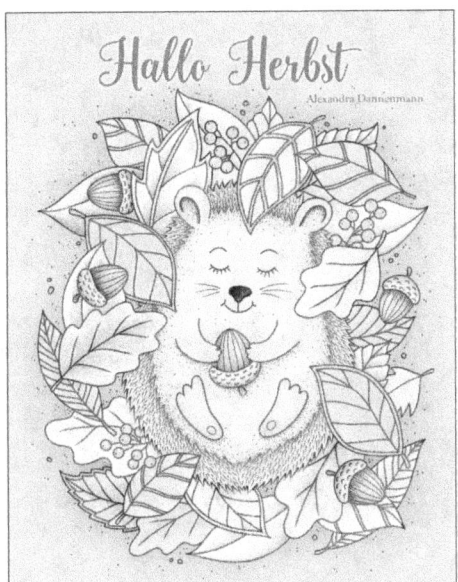
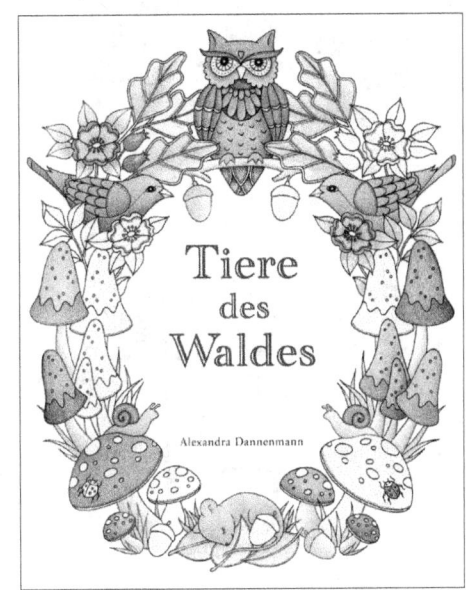
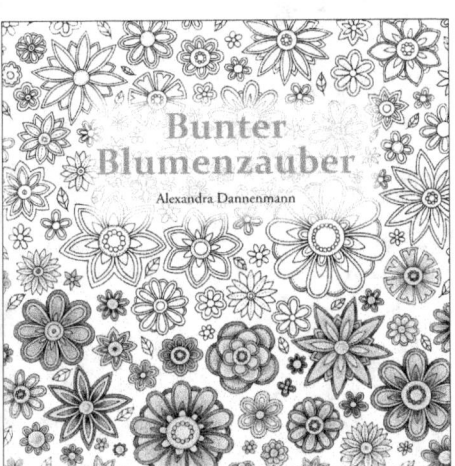
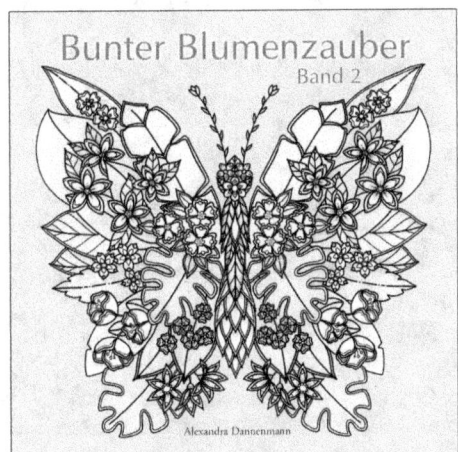
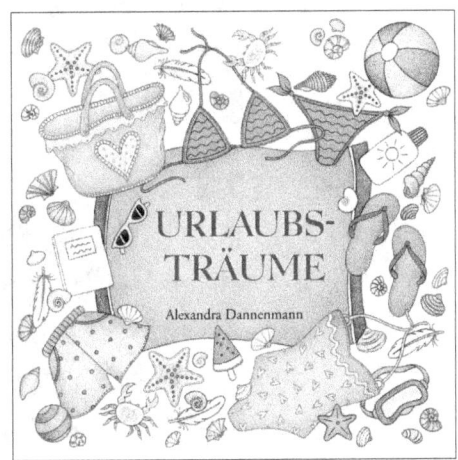
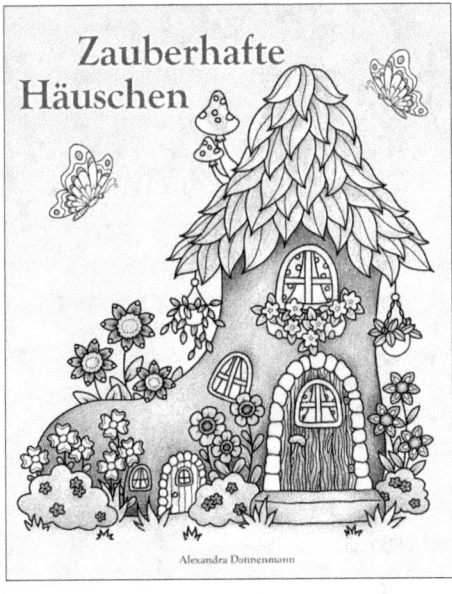
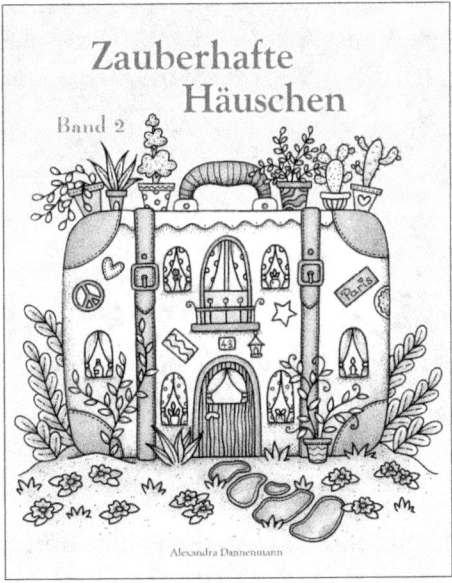
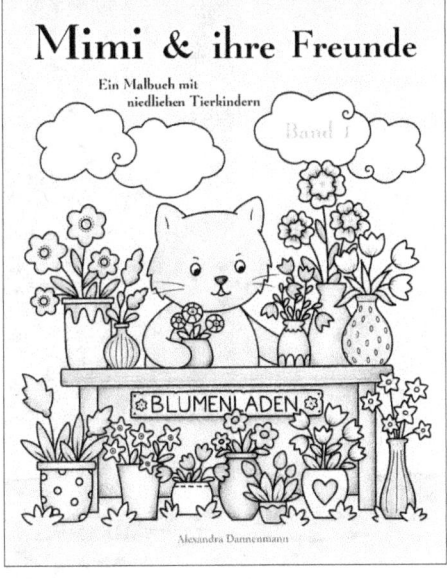

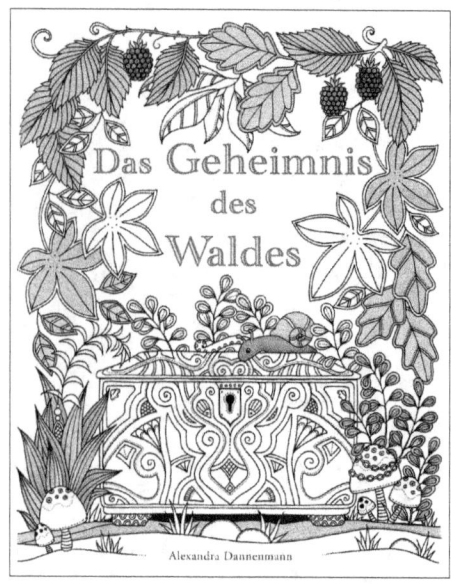
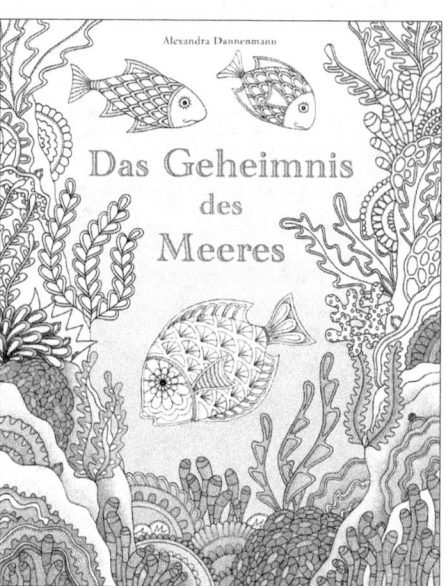
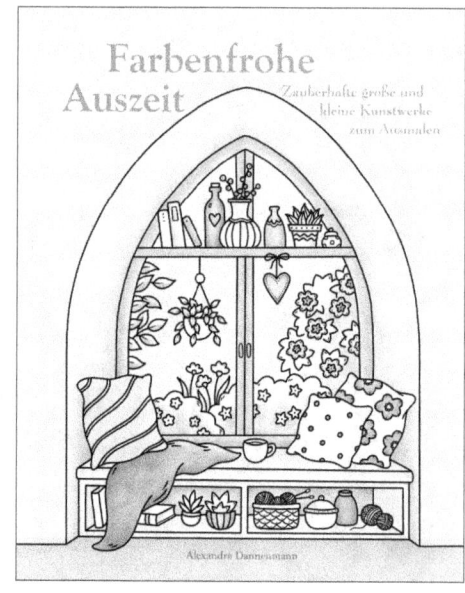
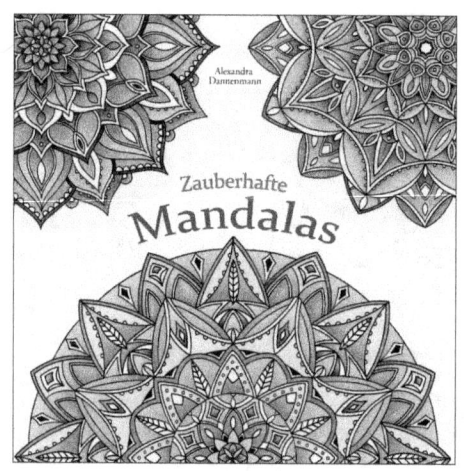
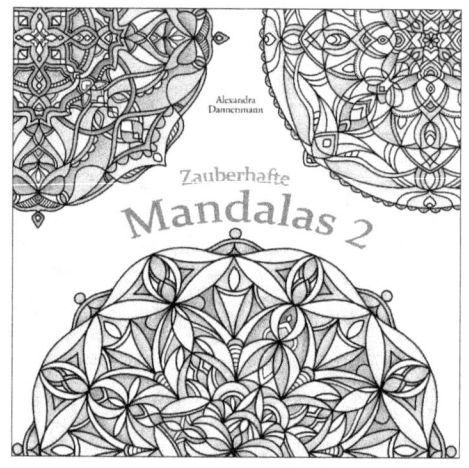
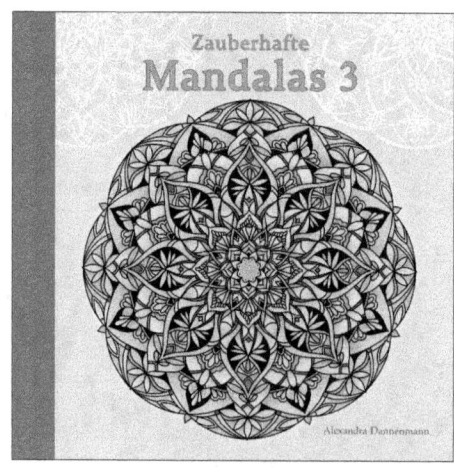
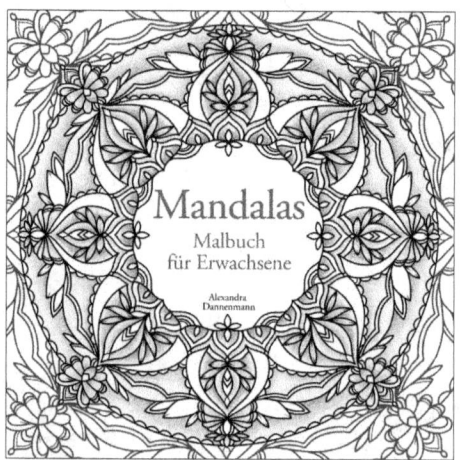

Auf meiner Homepage www.alexandra-dannenmann.de
findet Ihr noch viele weitere Bücher und Leseproben.

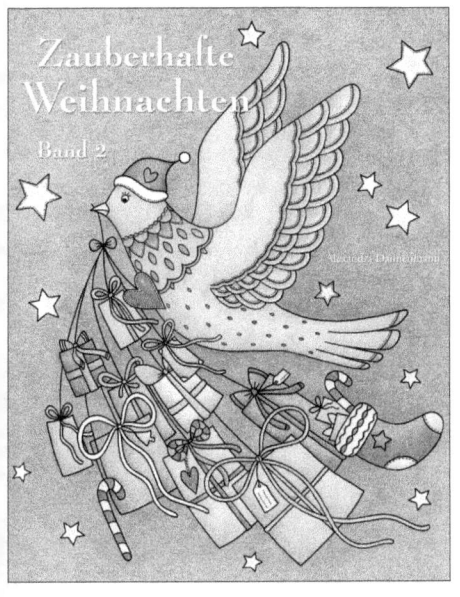
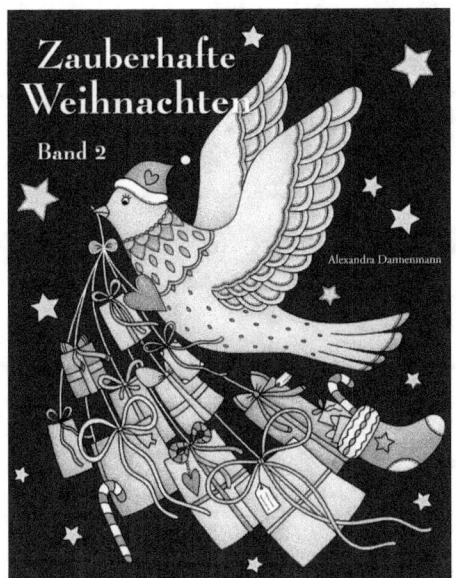
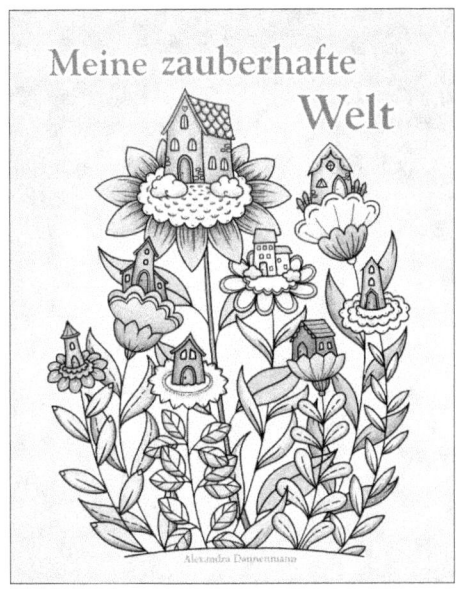
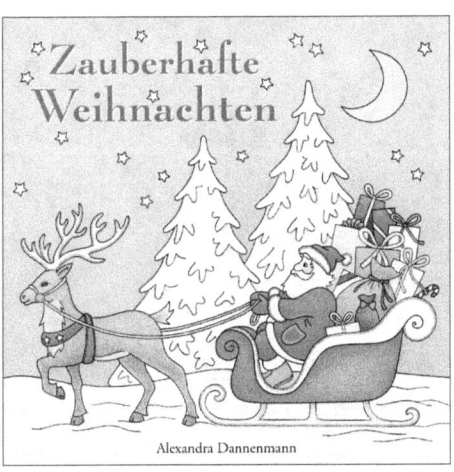
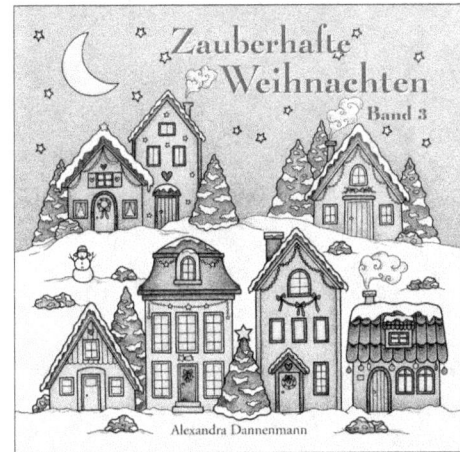
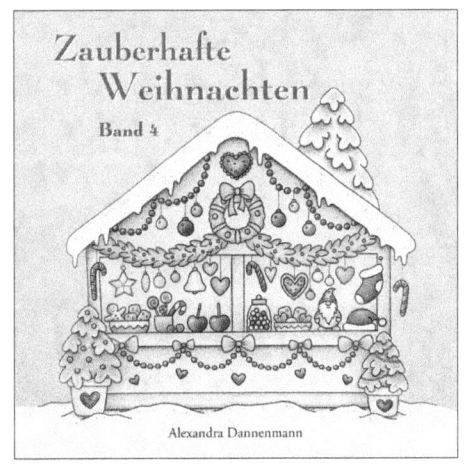
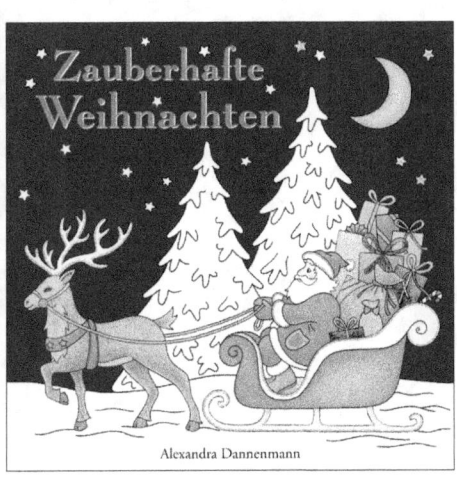
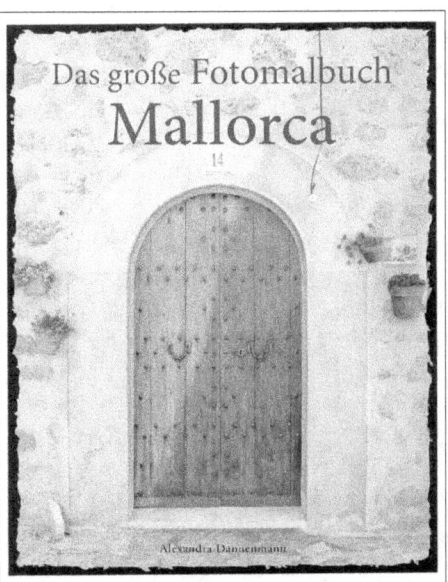
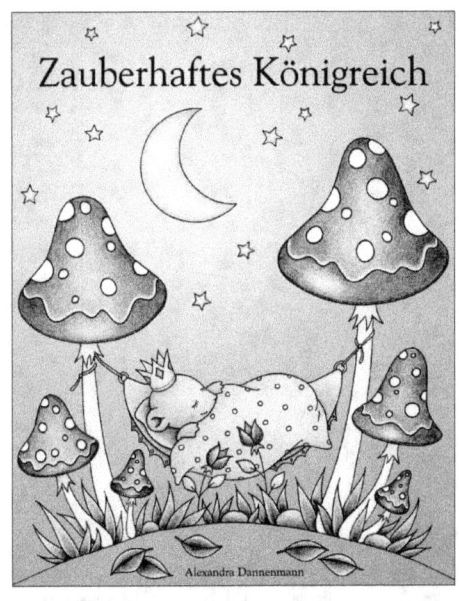

www.ingramcontent.com/pod-product-compliance
Lightning Source LLC
Chambersburg PA
CBHW062336220526
45469CB00008B/2744